人际交往

完全图解版

心理学入门

郑斌 编著

中国纺织出版社有限公司

内 容 提 要

社交生活中，无论是朋友还是对手，无论对方处于何种地位，只要我们能掌握对方的心理，并使用相应的心理策略，那么，处理好人际关系并非难事，你还能通过人际关系达到自己的目的。

本书正是从心理学的角度入手，内容涉及职场、商场、婚恋和家庭等角度，介绍了实用、有效的沟通方法和社交技巧，从而帮助你在社交场合极大地扩大你的影响力，让你赢得更广泛的信任和支持，收获更多的友谊与合作，从而赢得事业的成功和生活的幸福。

图书在版编目（CIP）数据

人际交往心理学入门：完全图解版 / 郑斌编著 .-- 北京：中国纺织出版社有限公司，2022.8（2024.11 重印）

ISBN 978-7-5180-8312-1

Ⅰ. ①人… Ⅱ. ①郑… Ⅲ. ①心理交往—社会心理学—通俗读物 Ⅳ. ① C912.11-49

中国版本图书馆 CIP 数据核字（2021）第 018150 号

责任编辑：张　宏　　责任校对：高　涵　　责任印制：储志伟

中国纺织出版社有限公司出版发行

地址：北京市朝阳区百子湾东里 A407 号楼　邮政编码：100124

销售电话：010—67004422　传真：010—87155801

http://www.c-textilep. com

中国纺织出版社天猫旗舰店

官方微博 http://weibo.com/2119887771

鸿鹄（唐山）印务有限公司印刷　各地新华书店经销

2022 年 8 月第 1 版　2024 年 11 月第 2 次印刷

开本：880 × 1230　1/32　印张：6.5

字数：80 千字　定价：59.80 元

前言

社交生活中，你是不是曾有以下这些苦恼：为上司鞠躬尽瘁却得不到晋升？把同事当成合作伙伴却惨遭背叛？为客户介绍体验各种产品，客户却甩袖而去？对爱人百般疼爱却抓不住缘分？对朋友掏心掏肺却得不到信赖？对长辈嘘寒问暖却得不到疼爱……其实，造成这些结果的原因，并不是因为做得不够，而是因为你不能真正走到对方心里去，不知道对方想什么、需要什么。要解决这一问题，你首先就要变通，我们要学会洞察交际对方的心理需求，才能有的放矢地攻克人心，达到交际目的。

的确，人是群居动物，人类社会的绵延和发展离不开各种社会活动，然而一切社会活动的基础就是人与人之间的接触和交往。每个人都会与人打交道，这并不是一件难事，但是能够很好地处理自己的人际关系却不是每个人都能做到的，如同做任何事情一样，会做和做得好往往有天壤之别。

其实，社交活动难就难在它不是一件简单的语言活动，其中有很多道理和奥妙，想要在社交场上如鱼得水，除了要掌握一些基本的社交理念、交际技巧之外，运用适当的心理技巧也是迅速达成自己目的的捷径。

我们可以说，人际交往，做人做事，都和心理学有着千丝万缕的联系，中国古代兵法云："用兵之道，攻心为上，攻城为下；心战为上，兵战为下。"这一兵法尤其在现代社会社交生活中大有用武之地。如果不懂心理学，即便你口若悬河、煞费周章，也可能南辕北辙、毫无效果；相反，如果懂得心理学，可能只需付出一点点，便能洞悉对方内心世界，从而占尽社交先机，达到交际目的。

在处理各种事情的时候，如果懂得用心理学知识来做润滑剂，困难的事情往往就会变得简单起来。比如说，社会复杂，人心难测，你会碰到各种各样的人和事，如果没有一点防范意识，就很容易在明枪暗箭的攻击下中招落马；工作中，如果你处理不好和上司、同事和下属的关系，也会影响自己的工作效率，甚至很有可能会因此失去工作。

所以，无论在日常生活中还是在商场和职场中，轻松驾驭人际关系的方法是每个人都应该尽快掌握的。懂得社交心理学的知识，更能使你在工作和日常交际中与他人更好交流和相处，构建融洽的关系。

因此，生活中的每一个人，都应该懂点社交心理学，而本书就是这样一本实用心理学教程，内容涉及社交生活中的方方面面，阅读本书，可以使你摆脱无所适从的困惑；可以让你具有认清环境和辨别他人的能力，从而帮助你处理好各种纷繁复杂的人际关系，实现成功人生。

编著者

2021年10月

目录

第1章

明眸慧耳，交际场上要看清他人

常言道："画虎画皮难画骨，知人知面不知心。"人是群居动物，离不开社会，更离不开与人打交道。在生活中，每个人都有朋友，但是，现代社会生活的节奏越来越快，人们接触的信息面也越来越广，所以，人们周围的朋友也越来越复杂。其实，朋友分为很多种，例如，知己、普通朋友、酒肉朋友等。那么，怎样才能快速识别一个人，从而确定是否应该与他结交呢？其实，慧眼识人是有技巧的。

真假朋友，如何分别

这段时间，唐霞很郁闷，因为她有一个朋友，总是喜欢给她泼冷水，让她原本挺好的心情变得越来越沮丧。

唐霞与一个“无房无车、底薪三千”的做销售的小伙子谈起了恋爱。唐霞的一个女性朋友龚花荣见了唐霞之后，询问唐霞男朋友的情况，唐霞如实告知，龚花荣说：“你不是说要找个有房有车、月薪过万的嘛？现在怎么也接受无房无车、底薪三千的了？你这个男朋友条件可不怎么样啊，还不如我们家××（她的老公）呢！”听了这话，唐霞的脸色突然变得很难看，龚花荣却仍然准备自顾自地说下去，这时，旁边的一个朋友小米赶紧打圆场，说：“你知道什么呀，这是我们唐霞具有献身主义，愿意和一个一无所有的男孩子一起开创他们的未来，想当初，咱们不都是从一穷二白过来的嘛！”

此后，唐霞的心情一直很郁闷，脑海中总是回想着龚花荣说的话，觉得非常刺耳。当然，既然选择了，就是经过深思熟虑的，她当然不会因为龚花荣这几句话就与男友分手。不过，她渐渐地疏远了龚花荣，很少再与她见面、打电话了，即使偶尔碰见了，也只是寒暄几句，对自己的私事闭口不提。

在上述这个案例中，龚花荣无疑就是典型的损友。其实，大家都知道唐霞之前的择偶观是错的，对人品没有任何要求，而只是要求对方有房有车、月薪过万，这是典型的拜金主义，这与商品待价而沽又有什么区别呢？后来，在找寻一段时间无果后，唐霞渐渐地转变了自己的观点，踏踏实实地找了一个彼此之间有感情的男孩子谈恋爱。不管是谁，看到了唐霞身上的这种转变都应该觉得高兴，都应该鼓励唐霞。但是，龚花荣却偏偏哪壶不开提哪壶，非要往人家的伤口上撒盐。说是朋友，其实，龚花荣的话比敌人的话还尖酸刻薄。这种人，不是损友又是什么？相比之下，虽然小米未必是坦诚直言，但她的话最起码是有一定道理的。如今，在大城市，想与男友一起为未来奋斗的女孩子越来越少，而更多的女孩子梦想着能一步登天，坐享其成。虽然没有任何经济基础的奋斗的确很苦，但是最起码能够收获爱情；虽然坐享其成很轻松，但是依赖别人生活并没有想象中那么容易和幸福。所以，在选择男朋友之前，女孩子一定要考虑清楚自己到底想要什么。

在现实生活中，像龚花荣这样的损友很多。虽然每个损友的动机和表现形式不一，但是目的却大同小异，即让对方变得不快乐、郁郁寡欢。大多时候，这些损友之所以口下不积德，都是因为妒忌。在这里，我们必须分清楚妒忌与羡慕的不同之处。妒忌会严重地破坏朋友之间的关系，怀有妒忌之心的人一般喜欢争强好胜，事事都想强过别人，而一旦看到别人过得比自己好，他就抓耳挠腮，坐立不安。

交往线索

那么，在生活中，如果发现自己身边有这种损友应该怎么办呢？其实，如果对方的话只是出于妒忌而说，而没有明目张胆地进行人身攻击或者是恶意诅咒，那么，你最好不理他。这种损友一般都喜欢逞口舌之快，如果你说他一句，他肯定会有十句话等着反驳你，从而更深地伤害你。所以，为了保护自己，我们要默默地疏远他，不给他破坏心情的机会！

遇到贵人，一定要抓住结交的契机

李景全是香港著名的实业家，曾经荣获香港“十大杰出青年”的称号。18岁辍学的李景全迫于生计，首先来到一家电子公司当电子零件推销员。说得好听叫推销员，其实就是一个送货员。这份工作虽然很辛苦，但却使李景全接触到了很多计算机行家，其中就包括大贵人曾文忠。

在做电子零件推销员的时候，李景全渐渐地对计算机业产生了浓厚的兴趣。终于，他拿出自己的所有积蓄——2万港元和别人合伙开了一家小公司，主要负责替计算机商装嵌计算机面板。然而，自己创业当老板要比想象中难多了。因为缺乏经验，再加上合伙人对他的轻视，最后，李景全退还了合伙人2万港元，与合伙人分道扬镳。从那之后，公司就完全属于李景全一个人了，与此同时，他也开始了孤军奋战的日子。公司的生意却始终不见起色，直到他再次遇到曾文忠。

那时，曾文忠已经是香港著名的电脑商了，在电脑界一呼百应、举足轻重。曾文忠很想扩展公司的业务，于是就想开厂进行生产。他觉得李景全是一个很理想的合作伙伴，因为李景全不仅年轻有朝气，而且踏实肯干。就这样，身陷困境的李景全遇到了事业上的贵人。双方一拍即合，不久就签订了合作协议。与曾文忠合作后，在曾文忠的支持和提携下，李景全的公司渐渐步入正轨，业务量芝麻开花——节节高。没过多久，李景全就来到深圳开厂，招揽了很多业务。

在上述案例中，李景全和曾文忠既不是亲戚，也不是朋友，只是因为偶然的机会，他们认识了。也正是因为这个偶然的机会，李景全才有机会得到曾文忠的认可和信任，他们才会成为合作伙伴。在实力上，李景全无疑与曾文忠相差甚远，但是，曾文忠看重的是李景全身上优秀的品质。因此，李景全才有机会成就自己的事业。由此可见，不要轻易错过偶然遇到的关键人物，很多时候，正是他们改变了你人生的轨迹。

在生活中，每个人都向往成功，都希望自己能够事业有成。然而，成功是需要很多条件的。古人云，天时地利人和。在现代社会，要想成功，同样需要很多必不可少的条件。其中，人脉关系是成功必不可少的重要因素之一。很多人的人脉关系的范围很广。有的人认为人脉关系就是指自己的亲戚、朋友，至多包括同事。其实，客户、萍水相逢的人都有可能成为助你成功的关键人物。例如，在上述案例中，曾文忠就是李景全的客户，后来，他们才发展成为合作伙伴。

其实，在与人交往的过程中，我们可以通过很多方式和途径拓展自己的人脉圈，其中有一个重要的原则，就是不要轻易错过偶然遇到的关键人物。

交往线索

需要注意的是，在把握关键人物的时候，也是有章可循的。众所周知，人的时间和精力都是有限的，所以不可能全身心投入地和很多人交往，这就要求我们在与人交往时要有一定的目的性。如果你有针对性、目的性，再加上把握住了偶然认识的关键人物，那么无论做什么都会事半功倍。

不管是萍水相逢的陌生人，还是只有一面之交的普通朋友，我们都要好好地把握，发展彼此之间的友谊，这样才能在需要的时候得到对方的援助。机会，往往就在偶然之间！

将朋友分类，在于正确地认识朋友

王潇和亚杰不仅是高中同学，而且是大学同学。在学校的时候，王潇和亚杰就是非常好的朋友。

巧合的是，大学毕业后，王潇和亚杰都成了同一所中学的语文教师，而且都是从初中一年级开始教起。

转眼间，一年过去了，县教育局要在全县树立典型，即在刚刚毕业一年的教师中选出前三名，颁发“优秀新人教师”奖。得知这个消息后，王潇和亚杰都异常兴奋，如果能够被选中，那可就在县城的教育界一举成名了。因此，这两个人都不分昼夜地准备着，都想被选中。在各项综合考查中，王潇和亚杰的实力不相上下。不过，还有最后一项，就是同事们的评价。其实，王潇的性格是偏外向的，喜欢和别人谈笑，优势是很活泛，与很多同事的关系都较好。和王潇比起来，亚杰的性格比较稳重、内敛，不喜欢大声说笑，为人比较坦诚，工作勤勉负责，所以，也有很多同事欣赏亚杰。在最后一轮竞争中，起初，王潇的投票略微领先。但是，在最后一天投票中，亚杰的票数突然直线飙升、遥遥领先。同事们都很纳闷，亚杰自己也很纳闷。当亚杰顺利当选为优秀新人教师的时候，人们才知道，原来是王潇在背地里帮亚杰拉选票。据知情人士说，王潇之所以这么做，其实很简单：王潇和亚杰不仅是大学同学，而且是高中同学，所以王潇知道亚杰的妈妈得了乳腺癌，而且已经扩散了。亚杰不仅经济压力大，而且精神压力也很大。如果能够让亚杰的妈妈在离开人世之前知道自己的儿子不仅有了一份稳定的工作，而且做得很好，甚至还获得了很大的荣誉，那么，亚杰的妈妈一定会感到欣慰和放心的。

如果说，有所谓真正的朋友，那么王潇与亚杰就是一对真正的朋友。在面对物质利益和荣誉的时候，王潇想的不是怎么取胜，而是站在亚杰的立场上考虑问题，为了使亚杰的妈妈能够在离开人世之前得到慰藉，王潇主动放弃了本该属于自己的荣誉。在这种情况下，能做出如此举动的，才无愧于朋友的称谓。

实际上，同学之间的感情是很深的，因为在年少无知的时候相识，所以几乎没有尔虞我诈的阴谋和陷害，而只有两小无猜的纯真友谊。也正因如此，在现代社会，同学间情谊才显得那么珍贵，真正的友情更是可遇而不可求。

虽然现代社会提倡人人平等，但是，其实朋友也是分三六九等的。当然，这里的三六九等的划分依据既不是社会地位，也不是金钱权势，更不是容貌或者学历，而是价值。俗话说，物以类聚，人以群分，不同的人，相互之间的关系也是不一样的，或亲或疏，或远或近，或好或坏。

交往线索

在结交朋友的时候，我们不要被表面现象所迷惑，而要看清楚朋友的内心。不管是谁，都无法做到平等地对待每一个朋友，我们所能做的就是正确地认识朋友以及与朋友之间的关系，从而更好地维护与朋友之间的关系。

按照关系的远近亲疏以及彼此之间肝胆相照的程度，朋友大致可以分为三类。

1. 一等友：志同道合、肝胆相照的朋友

一等友之间不仅相互理解，相互关心，而且不管有什么事都能主动想到对方，为对方分忧解愁。在古时候，人们称这种人为可遇而不可求的知己。因此，古人常说“人生得一知己足矣”。在真正的危急关头，知己一定能够舍身为你。

2. 二等友：值得学习的朋友

二等友虽然不能肝胆相照，但是他们身上有一些值得我们欣赏和学习的地方。其实，二等友还是占大多数的。针对这种朋友，古人也留下了一句非常精辟的话，即“君子之交淡如水”，通俗地说，就是无须整天腻在一起，但是仍然是朋友。在危急的关头，这种朋友会在保证自身安全的情况下尽力帮助你。

3. 三等友：可以陪伴你的朋友

三等友是酒肉朋友。这种朋友没有太大的本事，自然也就没有什么成就。不过，这种朋友能够使你不寂寞，有他们在身边，你的每一天都是热热闹闹的。尤其是对于有权有势的人而言，在光环的笼罩之下，很多酒肉朋友都会围绕在他们身边。但是，这种热闹只是暂时的，因为人们常说“树倒猢狲散”。这些酒肉朋友喜欢围绕在那些有钱有权的人身边，仰视他们的风光，蹭吃蹭喝。而一旦对方陷入困境，或者经济破产，或者权势不在，他们就会一哄而散。无疑，在危急关头，这种朋友不但不会帮忙，甚至还会落井下石。因此，这样的朋友，我们一定要慎交。

其实，这只是大致地对朋友进行了划分，细究起来，还有很多不同类型的朋友。但是，不管是哪一类的朋友，都不出这三种大的范围之外。明眼人一眼就能看出来，第一类朋友是最好的，虽然彼此很少交流，但是心灵相通；第三类朋友是最差的，因为物质利益而团结在一起，关系十分脆弱；第二类朋友是生活中的常态，虽然不完美，但是可以相互学习、共同进步。

知己难寻，珍惜来之不易的友谊

春秋时期，楚国有一位赫赫有名的音乐家，叫俞伯牙。俞伯牙琴艺精湛，人人称赞。不过，没有几个人能真正听懂他所弹奏的曲子。

一日，俞伯牙乘船沿江旅游。船行到一座高山旁时，突然下起了大雨，因此，他将船停在山边避雨。伯牙耳听着淅沥的雨声，看着雨打江面的景象，不禁琴兴大发。正当伯牙弹得兴致高涨时，突然感觉到琴弦上有异样的颤抖。伯牙知道，这是琴师的心灵感应，说明此刻有人在附近听琴。伯牙走出船外，果然看到岸上树林边坐着一个打柴人正在侧耳倾听。这个人就是钟子期。

伯牙赶紧把子期请到船上，说："我为你弹一首曲子，好吗？"伯牙即兴弹了一曲《高山》，子期情不自禁地赞叹道："多么巍峨的高山啊！"接着，伯牙又弹了一曲《流水》，子期再次称赞说："多么浩荡的江水啊！"伯牙又钦佩又激动，对子期说："在这个世界上，只有你能听得懂我的心声，你真是我的知音啊！"就这样，两个人结为了生死之交。

伯牙与子期约定，一旦周游完毕，就会亲自去子期家登门拜访。一日，伯牙如约前来子期家登门拜访，但是却听闻子期因病不幸去世了。得知这个消息后，伯牙伤心欲绝，奔到子期墓前为他弹奏了一首充满悲伤和怀念的曲子，然后站起身来毫不迟疑地把自己珍贵的琴砸碎于子期的墓前。从此，伯牙与琴绝缘，再也没有弹过琴。

因为钟子期能够听懂俞伯牙的琴声，所以自古以来，人们就把俞伯牙与钟子期的惺惺相惜当作知己的典范。顾名思义，所谓“知己”，就是知道、了解自己内心的朋友。每个人都有很多朋友，但是真正的知己却很少。真正的知己，不会受到外物的限制，能够相互理解，那是心有灵犀的奇妙，是无须言说的理解，是心灵长久的感动，也是两人情操智慧的共鸣。

那么，什么样的朋友才算得上是真正的知己呢？首先，知己要能够互相欣赏、互相体谅、互相关心，真诚相待，没有任何欺诈、瞒骗。仅就这简单的一句话，大多数人却不容易做到。此外，知己还要有共同的兴趣和爱好，例如，俞伯牙喜欢弹琴，钟子期喜欢听琴，所以他们才能成为知己。反之，假如他们没有共同的兴趣爱好，相处时就会无话可谈、尴尬冷场，从而感到沉闷枯燥。其实，所谓的有共同的兴趣爱好就是指志同道合，有共同的志向和志趣、理想和信念。宋代陈亮的《与吕伯恭正字书》之二中说：“天下事常出于人意料之外，志同道合，便能引其类。” 总而言之，知音难觅，知己难求，遇到志同道合者一定要珍惜。

交往线索

朋友有很多种，有莫逆之交，有点头之交，而知己则是朋友关系中最亲密的。很多人觉得莫逆之交就是知己，其实，莫逆之交也比不上知己。王勃在《送杜少府之任蜀州》中说："海内存知己，天涯若比邻。"就是这样一句浅显而情意感人的诗句，表达了王勃对朋友深切的关心，而且也表现出了他与这个朋友的心灵是相通的。

酒肉朋友，不可深交

田磊的爱人在街上开了个小小的超市，因为其诚实守信、老少不欺，再加上服务周到，所以生意还不错。常言道，树大招风，就是这样一个小买卖，也有人嫉妒。一些心术不正的人看到超市的生意挺好的，就有意找茬儿，田磊和爱人对此特别头疼，但他们都是老实人，所以只能无奈地一忍再忍。

有一次，田磊和爱人去外地办事了，委托正在读大学的妹妹照看几天超市。他们刚走的第二天，就有一个街道上的小混混来到超市，说与田磊夫妇的关系很好，所以想赊一箱酒。妹妹看到来者气势汹汹，竟信以为真地赊给了他。

过了两天，田磊夫妇回到超市打电话找那个人，想不到的是，那个人却翻脸不认账，蛮不讲理地说："是你们自己愿意卖的，跟我有什么关系！"田磊听了特别生气，但却毫无办法。无意中，田磊和对门饭店的老黄唠叨了这件事。谁知，老黄当场就拿起电话打给了那个人，斩钉截铁地说："你小子！居然吃到我的头上了！你知道那是谁吗？那是我家的亲戚！"镶着大金牙的黄老板刚刚放下电话，那个买酒的人就把电话打到超市里了，并且连连道歉，说是一场误会。为了表示谢意，田磊特意让妻子炒了几个拿手菜招待了老黄。从此以后，田磊与老黄就成了酒肉朋友。

每隔一段日子，田磊就会和老黄大口喝酒、大块吃肉。不过，他们的关系仅限于酒肉朋友。突然有一天，老黄的饭店被查封了，经过四处打听，田磊才知道原来老黄涉嫌违法。知道这件事情之后，田磊不禁后怕起来，幸亏自己与他保持了距离，没有继续深交，否则，恐怕自己也要跟他一起进去了。

在上述案例中，田磊与老黄的关系就是典型的酒肉朋友的关系，没事的时候在一起乐呵乐呵，平日里各忙各的，互不干扰。而正是因为他们互不干扰，田磊才能洁身自好地与老黄在一起喝了几年的酒、吃了几年的肉。

朋友有很多种，诸如患难朋友、忘年朋友、发小朋友、知心朋友、坏朋友、酒肉朋友等。其中，酒肉朋友是关系最浅的一种，但却是交往时最乐呵的一种。在朋友的各种定义中，酒肉朋友是最容易混淆和干扰朋友概念的一种朋友。当一个人的生活达到一定层次之后，酒肉朋友就和扑克、麻将一样，是一个乐子。有的时候喜欢他，没有的时候想念他；宴席间，觥筹交错，推杯换盏，恨不得把心都掏出来给人看；大家称兄道弟，不亦乐乎；分了手，电话频联，如隔三秋。但是，在真正有危难的时刻，如果你只有酒肉朋友，那么，将没有任何一个人会真心地、竭尽全力地帮助你，也就是说，酒肉朋友是那种不能没有，但又不能依靠的朋友。

交往线索

酒肉朋友就是寻乐子朋友，虽然不会害你，但是也绝不会帮你。只有有钱有闲的人，才有时间和精力结交这种富贵朋友！一旦你没有钱了，你的那些酒肉朋友就会一哄而散，消失不见。所以，在与酒肉朋友交往的时候，不妨把这种交往当成一种休闲，就像去蒸一次桑拿一样，酣畅淋漓地出一身汗，蒸完了就忘记了。

人们常说，有茶有酒皆兄弟，急难时刻无一人。这句话用来形容酒肉朋友是最合适不过的。

第2章

洞察人心，方能有的放矢把握人心

现代社会，凡事都讲究高效，甚至连爱情都变成快餐式的了。在这个方便快速的年代，真心似乎变成了一种奢侈品，可遇而不可求。即使如此，人们仍然渴望着真心。那么，怎样才能测试出对方是否真心呢？很多时候，真相就隐藏在细节之中。

宠物是个了解他人心地的好话题

如今，婚恋交友的节目非常火爆，收视率极高。如果是经常观看这类电视节目的观众，就不难发现，现在很多女孩子在寻找伴侣的时候都要求对方必须喜欢宠物，甚至有一部分男孩子也对女友提出了这个要求。在江苏卫视《非诚勿扰》的舞台上，一个女嘉宾给男嘉宾留灯到最后，眼看就要牵手成功了，谁知道女嘉宾在最后的关键时刻问了男嘉宾一个问题：“你喜欢宠物吗？你能支持我养宠物吗？”遗憾的是，男嘉宾说不喜欢宠物把家里弄得到处都是毛发，因此，女嘉宾遗憾地灭了灯。男嘉宾下台后，主持人问女嘉宾为什么听到男嘉宾不喜欢养宠物时灭了男嘉宾的灯，女嘉宾说其实原因很简单，她认为不喜欢养宠物的男嘉宾没有爱心。

虽然女嘉宾因为男嘉宾不喜欢养宠物就觉得男嘉宾没有爱心的行为有些偏激，但是，这从某种程度上也反映出越来越多的人在寻找配偶的时候非常关注对方是否喜欢宠物，尤其是本身就喜欢宠物的人。因为很多人认为喜欢宠物的人会是有耐心、爱心、责任心的人。

交往线索

在很多电视剧、电影中都有这个情节，相爱的恋人在交往的过程中，经常会有一方把另一方带到社会福利院或者智障学校，以此更加深入和透彻地了解对方。如今，人们又加上了一句：不管怎么说，喜欢宠物的人都坏不到哪里去！

当然，不喜欢养宠物的人就不善良、没有爱心吗？答案当然是未必。大多数人都有自己的喜好，例如，有人有洁癖，那么当然很难接受宠物身上的毛发掉得家里到处都是；有人比较懒，连自己都照顾不好，哪里还有多余的时间照顾宠物呢！虽然人们有这么多理由不养宠物，不过，从某种意义上来说，养宠物的人通常都心地善良，有爱心，有责任心。

以前，女孩子们在找男朋友的时候通常会有两个要求：一是对方的身体要好，因为只有身体好才能照顾家庭，与妻子白头到老；二是对方的性格要好，因为只有性格好，才能与妻子和睦相处。通常情况下，如果不是刻意隐瞒家族病史，身体状况是可以用肉眼看出来的。但是，性格好不好就无法用肉眼进行观察了，不过，聪明的人们也想出了一个办法，即把另一半带到孩子们中间，看看他是否有足够的耐心和爱心对待孩子们，看看孩子们是不是喜欢他。仅凭这一点，就可以大致判断出一个人的性格了。

善用杯子技巧，委婉探测彼此的亲密程度

艾米和皮特是一对情侣，他们从高中时代就是同学，自大学时代确立恋爱关系开始，迄今为止已经谈了10年恋爱。再过2个月，艾米就要过30周岁生日了。看着镜子里不再青春靓丽的自己，艾米有点儿担忧。她想结婚了，想有一个完全属于自己的家。但是，艾米却不知道皮特的心里是怎么想的。因此，艾米想找皮特好好谈一谈。

一天，艾米把皮特约到了一家咖啡馆，刚开始的时候，他们面对面坐着，两个人谁都没有说话。一杯咖啡喝完了，艾米终于开口问道："亲爱的，你对未来有什么打算吗？"皮特是个工作狂，每天都把大量的时间和精力花在工作上。他沉思片刻后，用坚定的目光看着艾米说："我准备辞职，自己开创一家公司，你认为如何？"皮特接着说："艾米，等我自己开公司后，我一定要在上海最金贵的地段给你买一套大房子，然后咱们在里面安家，生一大群属于咱们俩的孩子！"说着，皮特竟开心地笑起来，看得出来，他对未来满怀憧憬，他很爱艾米，想和艾米一起生活。

艾米的心里不禁松了口气，她委婉地说："可是，皮特，

我不在乎能不能有一栋大房子，我只希望我们两个人能够在一起。”皮特不解地看着艾米，说：“咱们现在不就在一起吗？”艾米继续说：“我的意思是，再过2个月，我就整整30周岁了，你知道，女人过了35岁生孩子是不好的，我觉得，现在正是我们结婚生子的好时候。”说着，艾米坐到皮特的身边，依偎在皮特的肩膀上，顺手把自己的咖啡杯和皮特的杯子放在了一起，彼此紧贴着，就像他们俩一样。“现在？”皮特一边说一边舔了舔嘴唇，他端起咖啡杯喝了一口咖啡，顺手把杯子放到了距离艾米的杯子10厘米左右的地方，继续说道：“艾米，我想给你更好的生活，我不希望咱们的孩子出生在一个与别人共用厨房和卫生间的家里。相信我，艾米，只要我自己开公司，用不了2年，就能实现买大房子的梦想。到时候，咱们一买了房子就结婚，我保证你可以在35岁之前生宝宝。”艾米叹了一口气，她知道皮特是爱自己的，但也知道皮特是很固执的，既然他想开公司创业，就不会在这个关键时刻结婚。于是，艾米坐正身体，正视着皮特的眼睛，说：“那好吧，皮特，我愿意等你，我相信你的能力。”

其实，艾米和皮特已经认识13年了，谈恋爱也已经10年了，他们可以毫无顾虑地结婚了，他们甚至比某些夫妻更加了解彼此。但是，在艾米提出请求的时候，皮特并没有明确地拒绝，艾米为什么不坚持一下呢？原因很简单，就是咖啡杯距离的变化。

交往线索

通过杯子间的距离，就可以测出两个人之间的心理距离。

例如，你可以找个机会与对方一起喝咖啡，闲聊一会儿之后，假装漫不经心地把自己的杯子贴近对方的杯子，当然，贴近的程度要视你们双方的关系而定。假如对方默默地把杯子移开了，就说明他认为两人还是维持现状好，在他心里目前还没有进一步的打算；反之，假如对方没有移动杯子，就说明你们之间的距离缩短了。

艾米在依偎到皮特身边的时候，同时也把自己的咖啡杯和皮特的杯子紧紧地放在了一起，但是，皮特显然还没有准备好结婚，虽然他没有明说，但是他在放咖啡杯的时候，把自己的

杯子放到了距离艾米的杯子10厘米左右的地方。这就说明，皮特现在是不想结婚的，所以他才会在不知不觉中把自己的杯子放到了距离艾米的杯子10厘米左右的地方。

在生活中，“杯子技巧”不仅可以用来测试恋人之间的距离，也可以用来测试朋友、同事之间的距离。当然，测试朋友和同事之间的距离时无须像艾米那样把杯子紧紧地贴在一起，只要超过你们平时的亲密界限就可以了。此外，这种杯子效应其实在生活中非常常见。仔细回想一下，你就会发现，每当单位开会的时候，同事之间的座次都是有规律的，你总是会不由自主地靠近一些人，也会不由自主地疏远一些人。此外，乘坐火车的时候，身边都是陌生人，你与谁的关系更近？只要回想一下就不难发现，你肯定与自己的邻座、上下铺，或者对面的乘客搭讪更多，而很少与坐得比较远的或者是隔壁车厢的陌生人说话。由此可见，随着空间距离的缩小，人们之间的心理距离也会缩小。在与人交往的过程中，如果我们能够灵活地运用“杯子技巧”，就能方便地测试出对方与自己的心理距离，从而更好地把握交往的节奏和进度。

征求建议，了解他人的真实想法

陈敏和郑玉是好朋友，从小一起长大。她们每天一起上学，一起放学，一起写作业，一起玩耍，就像亲姐妹一样。高中毕业后，陈敏考上了上海的一所大学，郑玉则考上了北京的一所大学。从此以后，她们每年只有寒暑假才能见面。每次见面的时候，她们都很关心地询问对方的生活，尤其是郑玉，总是刨根问底地问很多陈敏在新学校的情况。其实，郑玉是有点儿妒忌陈敏的，因为她们从小一起长大，而陈敏的学习成绩始终比郑玉略胜一筹，所以郑玉的父母总是让郑玉以陈敏为榜样。郑玉心里很不服气，始终憋着一口气。

四年的时间转眼即逝，她们都即将面临大学毕业。众所周知，北京是全国的政治、文化中心，上海是全国的经济中心。所以，在北京的郑玉铆足了劲儿想在工作后与陈敏一较高下，因为她已经厌倦了父母让她向陈敏学习的话，她想成为陈敏的榜样。

过了几年，到了谈婚论嫁的年龄，陈敏长相秀美，有很多年轻人排着队追，但是她却唯独对一个叫林枫的年轻人情有独钟。林枫长得很帅气，是很招女孩子喜欢的那种类型。不过，林枫有一个最大的缺点，就是有点儿花心，喜欢和女孩子玩暧昧。家里很多人都劝陈敏不要和林枫在一起，但是陈敏很纠结，舍不得放弃林枫，毕竟相处了一段时间还是有感情的。所以，她便征求郑玉的意见。

得知这个消息后，郑玉既惊且喜，惊的是乖乖女这次居然不听父母的劝告要和一个花心的男人在一起；喜的是如果陈敏与林枫在一起，那陈敏注定是不会幸福的。不过，她还是有点儿纠结，毕竟这关乎好朋友一生的幸福。想了几天之后，郑玉终于下定决心给陈敏打电话了，说："陈敏，其实我知道你和林枫之间是有真爱的，不过，既然大家都不看好你们，我想他们也是有道理的……虽然我也知道，结婚之前，男人多多少少都是有点儿花心，结婚之后，他们就会变好，但是我想……你还是听从父母的建议与林枫分手吧……毕竟你还年轻，以后一定还会遇到适合你的、爱你的人的。"可以想象，郑玉的这番话对于被爱情冲昏头脑的陈敏来说无异于火上浇油，没多久，陈敏就瞒着父母和林枫结了婚。常言道，不听老人言，吃亏在眼前，陈敏结婚之后，还没度完蜜月，就因为林枫花心不改而天天和林枫吵架。

其实，在生活中，每个人都是有私心的，都有自己心里不为人知的小秘密。在郑玉心里，她的小秘密就是要超过陈敏。虽然她与陈敏亲如姐妹，但是也不妨碍她心里一直坚守着这个小秘密。

交往线索

老人们常说，画虎画皮难画骨，知人知面不知心。朋友之间交往，关键在于真诚。然而，并非每一个朋友都会真诚地对待你。人们的心里总有一些不为人知的秘密，从本性上来说，人们都是自私的、利己的。所以，对待一般的朋友时，我们就更要认真辨识，弄清朋友是否真心。这样，在征求别人的建议时，才能更加冷静、理智地取其精华，去其糟粕。

其实，即使郑玉不这么起反作用地去劝陈敏，陈敏也有可能会坚持自己的选择，从而与林枫结婚，但是，在这件事情里，郑玉的劝告还是起到了很大的推动作用。众所周知，恋爱就像重感冒，使人头昏脑涨，而陈敏之所以征求郑玉的意见，纯粹是因为信任郑玉。但是，让所有人都意想不到的是，郑玉居然起到了推动作用，从某种意义上说，这其实也是郑玉不想看到的，但是，她没有战胜长久以来心里一直存在的小秘密。在生活中，人们在遇到重大抉择难以定夺的时候，总想征求别人的意见，很多时候，他们往往能够从别人的建议中受益匪浅，然而，他们也有被别人的意见误导的时候，最可怕的就在于别人的建议是别有用心的。所以，在征求别人的建议之前，一定要辨别对方是不是真心要帮你。很多时候，要想更好地处理问题，别人的意见只能作为参考，关键在于自己要理智、冷静地分析事情，这样才能作出正确的判断和选择。

先表达喜好，了解彼此是否是同一类人

童佳静今年27岁了，是一家外企公司的总经理助理。27岁，这个年龄说大不大，说小也不小，看着女儿每天一个人进进出出的，童妈妈开始着急上火，四处联络亲戚朋友给童佳静介绍男朋友。上大学的时候，童佳静学的是中文专业，大家都知道，学中文的人大多喜欢文学，或者爱读小说，或者爱写诗歌，骨子里总有那么点儿罗曼蒂克，所以，童佳静不仅对对方的修养、品位、长相等有着高标准、严要求，最主要的是，她还希望对方像自己一样也有点儿罗曼蒂克，这样才能合拍。

至于相了多少次亲，童佳静已经懒得去数了，这样下去也不是办法啊！总不能每个周末都去相亲吧！但是，又不能不去，因为妈妈一直在紧紧地盯着她。后来，她想出了一个效果显著的方法，每次相亲的时候，坐下来寒暄片刻之后，她就开始与对方谈论文学，直至有一天，一个叫李霖的男孩子与她相见恨晚，彼此彻夜长谈对这些文学名著的深刻理解。最终，童佳静认定：就是他了！

交往线索

怎样才能判断出对方是否与自己志同道合呢？其实有一个能在短期内初步试探对方是否与自己志同道合的方法，即和对方谈论自己的兴趣爱好。

要想在短时间内判断对方是否与自己志同道合确实很难，但是，童佳静找到了一条最佳的途径，即与对方谈论自己的兴趣爱好。这个方法不仅使她成功地缩短了每次相亲的时间，而且使她准确地找到了自己想找的人。如果不是使用这个方法，而只局限于眼睛所看到的表象、耳朵所听到的各种条件，那么，童佳静很难在第一时间初步判断李霖是否是自己想找的人，甚至还有可能错过李霖。其实，不管是找恋人，还是与普通朋友交往，都可以使用这个方法来初步判断对方是否与自己志同道合。当然，每个人的喜好都是不一样的，有的人喜欢文学，有的人喜欢绘画，有的人喜欢旅游，有的人喜欢音乐。但是，每个人的目的都是一样的，即找到与自己志同道合的朋友或者是爱人。那么，如果你喜欢文学，就与人谈论你喜爱的作品；如果你喜欢绘画，就与人谈论你喜欢的画家及其作品的风格；如果你喜欢旅游，可谈的东西就太多了，各个地方的秀美景色、风土人情、美食等，都是绝佳的谈论话题；如果你喜欢音乐，就谈谈你喜欢的音乐大师。总而言之，你想找的是与你志同道合的人，如果你真诚地与对方谈论自己的兴趣爱好，那么，只要对方有与你相同或者相近的兴趣爱好，你们彼此之间就一定会产生共鸣。

所谓志同道合，指的是人与人之间拥有相同的志向和志趣，此外，理想、信念也都十分契合。志同道合是一件好事，不管是男人还是女人，不管是穷人还是富人，也不管是位高权重的人还是地位卑微的人，只要大家拥有共同的目标，怀着共同的理想，为了共同的事业并肩奋斗，就一定能够获得成功。

故意透露点隐私问题，试探对方是否值得信任

在生活中，当一个人想与另一个人建立特别亲密的关系时，最直接的办法就是分享秘密。为了达到这个目的，人们绞尽脑汁，想方设法，不仅会与对方彻夜长谈，而且会与对方做心理测验的游戏。甚至在很多时候，他们不惜把自己的隐私透露给对方，以交换对方的秘密。当然，也有一些居心叵测的人会用“假秘密”来换别人的“真秘密”。

古人云，“交浅而言深，既为君子所忌，亦为小人所薄”。毫无疑问，不管对谁来说，秘密都是很重要的。所以，一旦一个人对你说出了他的秘密，他就会变得不安起来，因为他不能确定你是否会帮他保守秘密。为了避免自己的秘密被泄露，他通常也会要求你说出自己的秘密。这样一来，就好像双方都握住了对方的把柄，从而能够在关键时刻以此来要挟对方。

其实，既然交换秘密并不能使人们觉得轻松，那么，最好的做法是索性不要把自己的秘密告诉别人，同时，也不要听别人的秘密。此外，在秘密传播的过程中，往往会产生很大的副作用，这就更要求我们不要传递自己的秘密。

交往线索

当你为了试探人心而透露自己的隐私时，一定要记住：最好泄露一些无关紧要的、不会对自己造成负面影响的隐私。这样，即使对方四处传播你的隐私，也不会给你带来不好的影响。

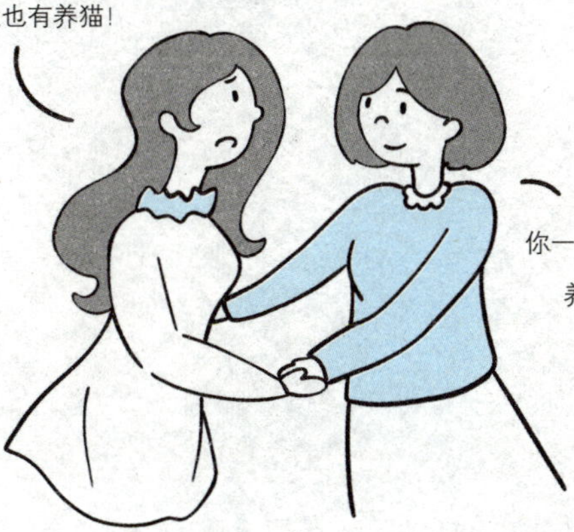

在西方社会，很多公司都明文规定部门主管不允许与普通职员在一个餐厅用餐，目的就在于避免在用餐时，员工听到主管们之间的交谈，然后断章取义地四处传播。不过，凡事都有两面性，假如你的确迫切需要判断一个人对你是否真心、是否忠诚，那么你可以透露一些隐私给他。这样一来，他就会觉得你把他当自己人了，你是因为信任他才把隐私告诉他的。那么，如果他对你真心，他必然会因此而对你感激涕零，更加忠心耿耿。反之，如果他对你没有真心，他就会把你的隐私说出去，或者不作丝毫回应，把你的隐私烂在肚子里。

第3章

把控心理，小小细节展现你的社交魅力

生活和工作中处处充满了竞争，很多时候，即使你的能力很强，也未必能够顺利地获得成功。这是为什么呢？因为很多人不懂得养精蓄锐。总是有很多人过于急躁，迫不及待地想要获得成功，其实，成功并不是唾手可得的，而必须经历耐心的等待。在漫长的等待过程中，假如你能够提升自己的能力，积累宝贵的经验，积攒自己的力量，再加上合适的时机，你就能够一招制敌。

低调行事，做人不能太张狂

郑庄公准备伐许。开战之前，为了挑选先行官，他先在国都组织比赛。意识到立功的机会来了，各位大将都跃跃欲试，争先恐后地一显身手。

比赛的第一个项目是击剑格斗。只见盾牌晃动，剑光流转，各位大将都使出十八般武艺，力争在比赛中胜出。经过轮番比试，第一个项目挑选出了六个人，也只有这六个人才有资格参加下一轮比赛。

比赛的第二个项目是比试箭法，要求取胜的六名将领每个人各射三箭，只要射中靶心就取胜了。前面四名将领的三箭有的射中靶心，有的射中靶边，没有一个人是三箭连中靶心的。第五位上来射箭的是公孙子都。他年轻气盛，武艺高强，自视甚高，从不把别人放在眼中。只见公孙子都大步流星地走上台去，搭弓上箭，三箭连中靶心。他高昂着头，瞟了排在他后面的第六名射手一眼，不屑地笑了笑，退下台去了。

最后上来的那位射手叫颍考叔，是个白发苍苍、精神矍铄的老人，连胡子都是雪白的，深得庄公的器重。只见颍考叔从容镇定地走上台去，不慌不忙地“嗖嗖嗖”射出三箭，居然与公孙子都射了个平手，三箭都连中靶心。

比赛进行到现在，只剩下公孙子都和颍考叔两个人了。为了在他们之间分出输赢，庄公派人拉出一辆战车，对他们说："你们两个人站在百步之外，一起来抢这部战车。谁先抢到手，谁就有资格担任先行官。"公孙子都心里很不屑，他认为一个白发苍苍的老人肯定跑不过他，因此，他轻蔑地看了颍考叔一眼。跑到一半路程的时候，出人意料的事情发生了，公孙子都脚下一滑，控制不好平衡，所以跌了个大跟头。等到公孙子都爬起来时，颍考叔已经跑到了终点，把战车据为己有了。事出意外，公孙子都一点儿也不服气，因此，他飞快地跑到战车那里，与颍考叔争夺起来。见此情形，庄公赶紧派人阻止，宣布颍考叔担任先行官。因为这件事情，公孙子都一直暗暗怀恨在心。

果然，颍考叔能力非凡，不负庄公的厚望，在进攻许都时，第一个手举大旗从云梯冲上许都城头，大大地鼓舞了士气。看到颍考叔为国家立下了大功，公孙子都嫉妒不已，居然抽出箭来，搭弓瞄准向城头上的颍考叔射过去。这一箭把颍考叔射了个"透心凉"，当场从城头栽了下来。另一位大将瑕叔盈不知道事情的真相，还以为颍考叔在慌乱之中被许兵射中阵亡了，因此，他赶紧拿起战旗，继续指挥士卒冲城，终于成功地占领了许都。

在这个历史典故中，这场争斗最终成全了瑕叔盈。因为瑕叔盈在关键时刻接替颍考叔指挥战争，所以立下了大功，得到了庄公的大力奖赏。显而易见，假如以谁出任先行官作为标准，那么，公孙子都毫无疑问是一个失败者。在整个比赛的过程中，公孙子都目中无人，过于傲气，仗着自己身强体壮、武艺高强，便处处争先，不过，这样一来，却使他意外地摔了一跤，从而陷入了被动地位。相比之下，颍考叔尽管年纪大了，但是仍然不知道收敛锋芒；尽管他凭借自己的经验和老谋深算在比赛中获胜，但是在攻城的紧要关头却好大喜功地扛着大旗抢先上了城头，这样一来，就给了公孙子都用箭射他的机会，最后导致他命丧黄泉。“鹬蚌相争，渔翁得利”，在这个典故中，只有暇叔盈才是最后的赢家。假如公孙子都和颍考叔都能够收敛锋芒，互让一步，那么，公孙子都就有可能成为先行官，颍考叔也不至于落得“透心凉”的下场。

在一个团队中，最需要的就是低调、谦虚的人，也只有这样的人，才能够得到大家的信任和支持。而一旦有了大家的信任和支持，就能够在团队中顺利地开展自己的工作，从而为公司作出贡献。

交往线索

谦逊是金。一个谦逊的人，行事低调，更注重行动，而很少大造声势。在别人还在犹豫不决、争吵不休的时候，他已经开始认真地思考怎样才能圆满地解决问题了。可以说，只有谦逊的、行事低调的人，才能够保持不骄不躁的心态，在生活和工作中取得成功。

言多必失，谨慎言辞

每年学期期末的时候，为了交流教育思想，互通有无，各大高校都会举行酒会。当然，这个酒会并非学校内部的，而是带有很大的娱乐性质，所以，学校中层以上的领导可以携家属参加酒会。因此，某大学的校长把夫人带去一起参加酒会了。在酒会上，人们彼此之间都很友好，虽然不认识，但是都互相交流，谈笑风生。校长去与其他的同事们交流学术思想了，因此，校长夫人只好自己在宴会上四处走动，偶尔和相识的人聊两句。开始用餐了，因为是自助餐，所以大家自由取餐，随便找地方坐下用餐。用餐的时候，一个人神秘兮兮地向校长夫人讲起某校校长剽窃他人论文的秘密，同时表现出对该校长卑鄙行为的强烈不满，最后还说了一大堆攻击该校长的话。

校长夫人的修养很好，一直面带微笑地听着，直到最后，校长夫人才问他：“先生，你知道我是谁吗？”

这时，这个大嘴巴先生才如梦初醒地说：“哦，对了，我还没有请教您尊姓大名呢！”

听到他这么说，校长夫人莞尔一笑，说：“呵呵，我就是你刚才所说的那位校长的妻子。”

交往线索

言多必失，很多时候，假如一个人总是口若悬河地说话，就难免会暴露一些问题。古人云，言多必失，祸从口出。尤其是在人多的场合，一不小心，你的话就可能伤害或者中伤某人。也许，人家当面不会明说，但是却会心存不满，这样一来，你自然就会惹祸上身。

听了此言，这位先生像是受到了惊吓一般，瞠目结舌，目瞪口呆，一句话也说不出来。他满面通红，恨不得找个地缝儿钻进去，场面特别尴尬。毫无疑问，这位先生口无遮拦的行为给校长夫人留下了深刻的印象。

纵观各种历史场合，那些成功人士说话的时候都能够很好地把握分寸，他们往往惜字如金，深知言多必失。无论在什么场合，成功人士都落落大方，不该说的时候，一个字也不说，该说的时候，总能说到事情的关键之处，点石成金。

在生活中，很多人将“三缄其口”作为自己的座右铭，就是因为知道言多必失的道理。在社交场合，有的人滔滔不绝、口若悬河，虽然很多人都希望自己能够成为这样的健谈人士，但是这么做其实也是有弊端的。在人多的地方，一旦口无遮拦，说错了话，说漏了嘴，往往很难补救。因此，聪明的人在人多的场合会尽量少说话，即使说话，也会讲究“忌口”。不然，如果因为言行不慎而把事情搞砸，或者导致别人下不了台，那就得不偿失了。

理智思考，别随意暴露你的情绪

章华的脾气很不好，总是容易急躁暴怒。大学毕业后，章华应聘到一家民营企业工作。和章华一起进公司的还有一个叫李强的大学毕业生，他们都被分在了销售部，负责销售业务。在工作中，章华和李强都很珍惜工作的机会，也都非常认真努力。尤其是章华，自从做销售以来，他很少休息，即使周六日也很辛苦地出去跑业务。功夫不负有心人，在年终公司的年会上，老板特意表扬了章华和李强，还给他们俩颁发了优秀新人奖。虽然只是一个小小的奖励，但是章华的干劲儿更大了，他更加辛苦努力地工作，为公司赢得了很多利润。相比之下，李强也是很努力的，但是，不知道是因为运气的原因，还是因为技巧的原因，李强的销售业绩始终比章华略逊一筹。就这样，又过了一年，章华和李强已经是公司的老员工了。今年9月的时候，公司突然调整结构，销售部扩大了规模。以前，销售部的业务员都是由销售主管直接管理的，但是现在，销售部将分为三个销售小组，分别设三个销售主管。这样一来，就缺少两个销售主管。在以前的销售业务员中，有一个叫宋智的业务员在公司已经工作六年了，而且销售业绩始终与李强不相上下，因此，大家都觉得这两个销售主管的职位非宋智与章华莫属。谁知道，一个星期之后公布了销售主管的职位，一个是宋智，一个是李强。听到这个消息的时候，章华觉得自己的头都大了。他想不明白为什么没有提升自己为销售主管，因此在公布销售主管名单的当天下午就辞职了。章华辞职以后，李强觉得很纳闷，便去找章华。见到章华的时候，李强说的第一句话就是："章华，你为什么不愿意当销售经理啊？""销售经理？"章华不由得问道："什么销售经理？"李强反问道："难道你不知道吗？公司之所以把销售部划分为三个销售小组，就是想成立销售部啊，已经内定你为销售经理了，这么好的机会你为什么放弃呢？"听到这里，章华不由得后悔万分，因为没有控制住冲动的脾气，他不仅错失了升职的良机，还失去了一份不错的工作。

生气是一种对身体健康危害很大的行为，假如章华能够控制住自己的怒气，再多了解一下事情的真实情况，就不至于因此而错失升职的良机。

在生活中，怒气是一种危害很大的能量，如果合理控制，就有可能有所收获；如果稍加控制，它的破坏性就会大大减弱；但是如果不加以控制，任其肆意发展，就会产生很大的杀伤力。当然，这种杀伤力未必会伤害别人，很多时候，更有可能伤害自己。所以，我们应该学会控制住自己的脾气，不要冲动行事。

交往线索

在生活中，假如每个人都能很好地控制自己的脾气，凡事三思而后行，就能够更加清醒理智地看清事情的真相。反之，倘若对自己的脾气不加以控制，经常发火，那么就会导致严重的后果。

有一位名人说过，在成功的路上，人们最大的障碍实际上并非资历浅薄，或者是缺少机会，而是不能很好地控制自己的脾气。消沉退缩时，放纵自己的萎靡，白白地浪费很多稍纵即逝的机会；喜出望外时，对自己的情绪不加以控制，往往乐极生悲；悲伤愤怒时，不能及时制怒，从而使周围的合作者望而却步；极度亢奋时，不控制自己的情绪，导致自己得意忘形。

作为职场人士，不管是男人还是女人，不管是办公室白领还是建筑工人，不管是企业CEO还是普通的职员，都很难逃脱情绪的包围。人的基本情绪有四种，即喜、怒、哀、惧，正是这四种情绪构成了人们旺盛的生命力及丰富的情感元素。从某种意义上来说，每个人都是情绪的“奴隶”。无论是在生活中还是在工作中，要想生活得幸福美满，在工作上取得成就，就一定要学会控制自己的脾气，看清事情的真相之后再采取合理的措施，这样才能避免因为冲动而伤害自己或者别人。

静待时机，关键时刻再出手

公元前506年，吴王阖闾拜孙武为大将，伍子胥为副将，最终战胜了楚国，成为南方的霸主 。公元前496年，吴国的邻居越国国王勾践即位。吴国一向与越国不和，因此，吴王阖闾想趁勾践新登大宝之际，发兵攻打越国，双方在槜李（浙江嘉兴西南）展开了激烈的战斗。原本，吴王阖闾以为自己有十足的把握打一场大胜仗，想不到勾践誓死抵抗，打败了吴国的军队，而且，吴王阖闾也在这场战争中中箭，身受重伤。吴王年纪已经很大了，回到吴国后没多久就去世了。临死之前，吴王阖闾再三叮嘱他的儿子夫差一定要记得攻打越国，以便报仇雪恨。吴王阖闾的儿子夫差即位后，始终牢记他父亲的“血海深仇”，为此，夫差用了整整三年的时间刻苦练兵，并且亲自率领大军攻打越国。

勾践调集大量军力在太湖周围与吴军展开激战，结果被吴国打败了。勾践不得不去吴国，给夫差喂了两年马，还帮夫差看守父亲的坟墓。两年之后，夫差放勾践回到越国。勾践回到越国之后，立志报仇雪恨。但是，他担心自己会被安逸的生活磨灭志气，因此便把柴草当被褥，并且每次吃饭之前都要先尝尝苦胆的味道。这就是众所周知的“卧薪尝胆”的故事。

勾践“卧薪尝胆”的故事已经在中国流传了几千年，其间，众说纷纭，有褒有贬，但是，有一件事情是确定无疑的，即大家都很肯定勾践耐心地等待时机的行为。曾经贵为一国之君的勾践，因为国破家亡，所以不得不沦为阶下囚，忍辱负重地生活着。其实，勾践并不是怕死，而是在等待时机东山再起。勾践忍受了一般人不能忍受的屈辱，并且将之转化为自己的动力。在勾践的心中，牢牢地记着家国之恨、个人之仇。勾践等待了整整二十年，才集中自己的所有力量奋力出击，一举灭吴。勾践站在吴王宫殿仰天长啸，把纠缠了他二十年之久的屈辱一泻千里！由此可见，要想品尝成功的喜悦，就要耐心地等待时机。

在生活中，人们也常说“磨刀不误砍柴工”。其实，说的也是这个道理。很多时候，人们往往过于急躁，明明时机不够成熟，条件也不完全具备，但是却仓促应战，这样一来，就很难取得成功。而有的人则有足够的耐心，等待合适的时机到来之时，再一举出击，从而取得了最后的胜利。现在，很多人都不知道应该怎样才能取得成功，其实，他们缺的就是强大的耐心。只要你有强大的耐心，锤炼自己，积聚力量，就一定能够等到最合适的时机，取得最终的胜利。

交往线索

在职场上，很多时候，机会转瞬即逝，即使没有抓住合适的机会，也不要着急，而要戒骄戒躁，提高自己的能力，积累丰富的经验，这样一来，当下次机会到来时，你才能更好地把握时机，发展自己的事业，从而获得成功。

何必针锋相对，不如曲径通幽

前些年，意大利米兰足球俱乐部的一位著名球星想得到更高的年度合同酬金，因此，他接连几个赛季都试着自己去谈判，但是，始终没能达成令他满意的协议。虽然这名运动员很聪明，但是他却生性腼腆。由于那个总经理手中握有一张王牌：在与球星订立的合同中，有一项规定运动员不能跳槽的保留条款。因此，这个球星即使没有争取到加薪的要求，也无法跳槽。几个回合下来，他承认自己斗不过那个铁面无情、唯利是图的总经理。球星不由得苦苦思索，如何才能使态度强硬的总经理答应自己的要求呢？突然有一天，球星脑中灵光一闪，虽然那项保留条款使他既不能迫使总经理给他加薪，也不能在合同期内跳槽，但是，这个条款却无法阻止他退出体育界。为了给总经理施加压力，增加自己的谈判筹码，他果断地向总经理说出自己要退出体育圈、加入影视界的计划。

虽然这名运动员非常害羞，不善于表现自己，但是他却长得特别帅气，模样颇讨人喜欢，再加上他在体育界的盛名，因此很多人都对他非常好奇，十分想在银幕和荧屏上一睹他的风采。因此，他中断了自己的体育事业，开始和一个独资的制片商接洽，并且还草拟了一份为期三年的合同。与此同时，他还把这一切都通知了新闻界。这无异于体育界和影视界的一个重磅新闻，因此，大众传媒对此进行了大肆渲染。这样一来，原本胜券在握的总经理受到了巨大压力，因为一旦这名球星挂靴而去，球迷们定会不依不饶地闹个天翻地覆，他的生意自然也就黄了。迫于无奈，他不得不满足球星的加薪要求。

这个案例深刻地说明了一个道理，球星正是因为深谙这个道理，才最终实现了自己的目的。试想，假如球星一直按照之前的策略与总经理谈判，那么，结果非但毫无改变，而且这个球星也会因此而变得郁郁寡欢，影响自己的生活和工作，甚至还有可能因为心情郁闷在球场上频频失误。那么，他是如何成功的呢？他采取了曲线救国的策略。面对总经理的冷漠无情、唯利是图，球星没有过多地纠缠，而是在公众面前扬言自己要去影视圈发展，而且真的找了一个制片人开始谈论细节。众所周知，球迷的热情是很高的，假如球迷知道这个著名球星因为加薪的要求没有得到满足而放弃了体育事业，那么总经理的事业必然会受到巨大的冲击。权衡利弊，总经理自然知道自己应该怎么做。

很多时候，针尖对麦芒只会加剧对方的反感和排斥心理，此时不如巧妙地转移对方的视线，从另一个角度强有力地说明事情真相。由此可见，看上去最漫长的迂回道路，往往是达到目的的最短途径。

交往线索

在谈判的过程中，假如遇到正面的阻碍，最好的办法就是绕而行之，曲径通幽。如果你能够学会巧妙地运用迂回的谈判方法，就能够达到事半功倍的效果，这是开门见山的谈判方法所无法比拟的！这个道理同样适用于推销，因为推销其实也是一个谈判的过程，即让对方在你的说服下认可你的思想、接受你的建议或者是产品！

第4章

巧避陷阱，社交就是一场心理博弈

在现实社会中，什么样的人都有，每个人的性格和心地都不一样。每天，人们熙熙攘攘地生活在这个地球上，为了各种各样的目的而忙碌奔波着。常言道，害人之心不可有，防人之心不可无。的确，为了保护自己，有的时候是应该有防人之心的。其实，防人的时候未必需要草木皆兵，只要留心避开那些常见的陷阱就可以了。

谨防“小喇叭”，别被流言蜚语伤害

没有人喜欢“长舌妇”，当然也没有人喜欢“大嘴巴”的男人。总而言之，不管是男人还是女人，都应该管好自己的嘴，不要总是把别人的隐私挂在嘴边。通常情况下，只有爱挑拨离间的人才喜欢在背后议论别人。也正因为在背后议论别人，才使挑拨离间者得以生存。

在生活中，不管是在大学校园还是在职场，大家都有过不同程度的体会，总有这样一群人，他们非常虚伪，言行不一致，人前人后不一致。很多时候，这样的人当着别人的面时奴颜婢膝、无比热情，但是，不等人家转过身去，他就口出恶语，把人骂得狗血喷头，甚至还会凭空捏造一些子虚乌有的事情陷害别人。几乎在每一个社交圈里，都会有一两个这样的人。通常情况下，他们的特征很明显，即看上去活泼开朗、毫无心机，其实是想以此来麻痹别人，借机打听别人的私生活。为了让你敞开心扉与他交流，他甚至会故意在你面前说某人的坏话，如领导的，而一旦你顺着他的话说下去，他就会在第一时间赶去领导面前打小报告，这种行为是典型的诱骗你评价同事。因此，如果有人在你面前说别人的坏话，即使你心里很认同他的观点，也不要随声附和，而要提高警惕。你一定要记住，如果一个人能够在你面前说别人的坏话，那么，这个人就肯定会在别人面前说你的坏话。

那么，到底应该怎么办呢？最好的办法是既不附和，也不反对，而应该这只耳朵进，那只耳朵出。

一旦你发现某人喜欢在一个人面前说另一个人的坏话，首先，你就要怀疑说话者的人品问题，然后在下次遇到他时绕道而行，不给他在背后说人坏话的机会，至少不给他在你面前说别人坏话的机会。在职场中，有人擅长坐山观虎斗，有人喜欢搬弄是非，对你来说，如果你希望自己的职业生涯能够顺利一些，少一些节外生枝，那么最好的办法就是离那些喜欢说别人隐私的人远远的，躲得越远越好。否则，这个人可能这一刻还在你面前猛夸你的长处，痛斥他人短处，下一刻，在你还没来得及转身的时候，他很可能就会改变句子的主语把同样的话再对别人重说一遍。

职场中有句话非常流行，叫“大公司做人，小公司做事”。事实的确如此。在大公司里，人员比较多，鱼龙混杂，需要同事之间彼此配合完成的工作也比较多。所以，要想把工作做好，首先要搞好与同事之间的关系，只有把人际关系搞好了，工作上才会更加顺利。而在小公司，环境相对简单，员工也比较少，因此往往一人身兼数职，合作沟通起来也没有那么困难。

交往线索

既然“长舌妇”这么可怕，有没有什么化解的招数呢？当然有。方法有二：其一是顾左右而言他，在对方讲述他人是非的时候，你可以驴唇不对马嘴地自顾自地谈美容、谈健身、谈时装、谈娱乐八卦新闻，总而言之，所有与工作或者同事无关的话题都可以谈，但就是坚持不说谁是谁非；其二是保持沉默，任由“长舌妇”说得唾沫横飞、天花乱坠，你只要管好自己的嘴巴，不发表任何言论就行了。

在生活中，在职场中，有一种人天生就是“长舌妇”，当然，这里的“长舌妇”并不专指女人，也包括那些“大嘴巴”的男人。这些人，如果每天不说些蜚短流长，就会觉得不舒服。碰到这种人的时候，有的人会因为不好意思直接走开或随口敷衍几句，但是，即使是这样，也会带来无法预料的后果。也许到不了明天，我们就会发现自己随声的附和居然变成不折不扣的评价传到了当事人的耳朵里，而且，某人已经无数倍地夸大了你附和的原意。如此一来，轻则对方找上门来，重则人家从此在心里就给你记好了这笔账，以找准合适的时机再与你算账。那么，总而言之，作为职场人士，要想洁身自好，必须记住一句话：是非的旋涡特别深，一旦掉进去，就会越陷越深。

保护自己，远离城府极深的“小人”

小徐与小唐都是刚刚毕业的大学生，同时被招进公司的业务部，专门在全国各地跑业务，所以他们俩的关系非常好。

有一次，公司在海南搞了一个大项目，需要销售人员去联系一些相关业务。但是，因为业务量大，老总担心一个业务员能力不够，所以决定派两个业务员一起拿下这笔业务。这样一来，小徐与小唐就被双双派去了海南。虽然是出差，但是两个年轻人在一起还是很轻松、很热闹。在火车上，他们一起打牌、喝啤酒、聊天，彼此之间越来越熟悉。到了海南以后，他们两个人联手一举拿下了相关业务，比预计的时间提前了好几天，因此，老总特批他们在海南玩三天再回来，差旅费由公司报销，他们每人只要负责自己的景点门票就可以了。这两个年轻人痛痛快快地玩了个够！在海南的最后一天，他们俩专门找了一家饭店大吃大喝了一顿。席间，小唐说：“小徐，咱们这个老板可是不错，还奖励咱们公款旅游了三天，这可是个大方的老板呀！回去以后，咱们一定要好好干，既给老板多挣钱，也给自己攒钱买房娶媳妇儿！”小徐有点儿喝多了，说话都不清楚了，大着舌头说：“是呀，咱们一定要抓住这个机会好好挣钱。”接着，小徐又说：“小唐，来公司这一年，你老实告诉我你攒了多少钱？”听了这话，小唐惊讶地张大嘴巴说：“攒钱？怎么可能呢？咱们每个月的工资才两千多，每次出差，虽然公司报销差旅费，但是看到喜欢的东西会买下来作为礼物送给亲戚朋友，所以，我几乎每个月都花光了。”小徐坏坏地笑着说：“我可没说工资啊，我说的是别的钱。咱们俩是一起进公司的，我都攒了两万了，你还会少？我可是数了，你联系成的业务比我多六个呢！”小唐还是不明所以，说：“这和业务有什么关系啊，你忘啦，咱们第一年是试用期，不计算业务量的，只有基本工资。”小徐不耐烦地说：“你小子还和我装，回扣啊，你可别告诉我你没拿过回扣，谁信哪！”小唐至此恍然大悟，连声说：“小徐，你喝多了，咱们赶紧回去睡觉吧，明儿一早还要赶火车回去呢！”小徐酒醒之后，很担心自己醉酒时说了什么不该说的话。不过，又过去了半年，大家都相安无事，所以他也渐渐地放心了。

半年后，原来的销售主管升为副总了，所以公司想提拔一个新人当销售主管，因为领导觉得新人有热情且富于创新性。在正式公布结果的前一天，几乎全公司的人都知道已经定下来要提拔小徐了，但是，第二天公布的却是小唐，而且公司还把小徐给开除了。这个结果出乎大家的意料，不过，小徐、小唐以及相关领导的心里都清楚是怎么回事。尤其是小徐，肠子都快悔青了。

交往线索

其实，有些人抓到了他人的把柄但是暂时不说，是因为他们没有利益冲突。如果出现了利益冲突，那么，为了自己的事业和前途，这些人就很可能将他所知道的秘密汇报给领导。至于结果如何，大家可想而知。

很多时候，人们都说同学和战友的友谊是最值得珍惜的，因为纯洁，因为真诚。和同学情谊、战友关系比起来，同事关系就显得没那么牢靠了。在职场上，每个人都在竭尽全力地往上爬，或者为了加薪，或者为了升职。所以，同事之间的竞争关系是很激烈的，尤其是实力相当的同事之间。人在职场，要想有个好前途，得到提拔和重用，除了要努力提高自己的工作能力之外，更要努力提高自己的职场修养，管好自己的嘴巴。当你兴奋得过了头，想把自己的秘密告诉别人时，最好三思而后行，因为一时的痛快，很可能会毁了你来之不易的前途。

机灵一点，别中了他人“挑唆”的圈套

李强是某公司的一名销售员，业绩一直处于中等水平，既不高，也不低。不过，因为李强的妻子是公司副总的小姨子，所以，李强被提拔为销售部主管。原本大家都是同事，而且业绩不相上下，甚至比李强更好，但是，如今李强一步登天，居然成了销售主管，不管对谁来说，这都无异于一记重磅炸弹。虽然有一部分同事是出于酸葡萄心理，但也确实有一部分同事本身就比李强的资历深，业绩也比李强优秀。背地里，大家你一言我一语，把李强数落得一无是处。

小记是刚刚应聘到公司销售部的大学毕业生，他看到大家越说越激动，也借机说了很多关于李强的坏话，例如，李强工作能力不强、疑心太重、与同事之间有隔阂等。不过，俗话说，画虎画皮难画骨，知人知面难知心。在这些人中，同事朱某是个两面三刀的人物，朱某虽然当着大家的面也义愤填膺地说李强的坏话，但他其实是李强的耳目，私下里与李强的关系特别好。大家不禁纳闷，既然他与李强是好朋友，又为什么要说李强的坏话呢？

其实，李强也知道销售部有很多资历和业绩都比他强很

多的人，所以，他晋升为销售部主管一定会引起大家强烈的不满。为了了解大家的真实想法，更好地展开工作，避开工作中同事们的情绪暗礁，李强特派朱某“带头”说他的坏话，从而更好地了解大家的情绪状态。

当朱某把大家的不满和不服气纷纷传达给李强之后，李强想：其实，这些同事的不满都在我的意料之中。但是，出乎我意料的是，小记这个乳臭未干的臭小子居然也敢当众说我的坏话。他进公司刚刚两个月，有什么资格说我呢？自此之后，李强在工作中处处为难小记，又过了几个月，小记主动辞职了。直到最后小记也不明白，自己并不是第一个也不是唯一一个说李强坏话的人，为什么李强单单容不下自己呢？

其实，人与人之间的关系是很复杂、很敏感的。尤其是在办公室里，几个人在一起难免会闲聊。说到某个人时，大家还会同仇敌忾地说出一大串坏话。每当这种时候，总是有很多人把持不住自己，也随声附和地说某人的坏话，其结果不难想象，早晚有一天，这种坏话会被添油加醋地传到当事人的耳朵里。即使对方是人品高尚的人，心里也难免会有些过不去；万一对方是一个心胸狭隘的小人，轻则以其人之道还治其人之身，重则暗地里下刀子，伺机报复。

人们常说，多个朋友多条路，少个朋友多堵墙。无一例外，每个人都不喜欢听别人说自己不好，而都喜欢听别人说自己好。

交往线索

小记的错误，就是典型的在别人的“挑唆”下说出了对某个人的不满。其实，小记真的对李强有那么大的意见吗？未必。很有可能，小记只是为了迎合大家，才说出了那样的话，归根结底，他还是被朱某的“挑唆”蒙蔽了，害得自己失去了来之不易的工作，成了背后说别人坏话的牺牲品。

俗话说，世上没有不透风的墙，不管一个人说了别人什么，别人迟早会知道的。如果你在背后夸奖别人，那么，别人知道后一定会很开心；反之，如果你在背后批评、指责别人，当有一天别人知道后，一定会心生不快，甚至会为你们以后的交往埋下隐患。在日常生活中，我们难免会遇到别人在自己面前说某个人的坏话，此时，我们一定要端正自己的态度，不要为了迎合他人而随之去指责、批评某人。最好的办法是，如果发现别人在你面前说某个人的坏话，就赶紧走开，即使走不了，也不要插嘴，只要微笑一下就可以了。总而言之，每当遇到有他人围在一起说某人坏话时，不管你是否确定那些人中有故意“挑唆”的托儿，都要谨言慎行。只有这样，才能更好地与人相处，也才不至于使自己陷入被动的尴尬处境。

说话留余地，不落人口实

魏文帝曹丕对人冷漠无情，心胸狭隘。曹操在位时，鲍勋担任魏郡西部都尉，负责邺城（今河北临漳县）西部的治安。那个时候，曹丕还是世子，他的夫人郭氏之弟因为触犯了法律，鲍勋便将他依法抓捕了。为了此事，曹丕出面求情，但是鲍勋为人清正廉明，拒不答应，依法惩办了郭氏之弟。自此以后，曹丕一直耿耿于怀，总想伺机报复鲍勋。

曹丕即位后，鲍勋不仅没有避让风头，反而更加直言不讳地向曹丕进谏。因为鲍勋进谏的方式和措辞过于直接，有几次惹得曹丕勃然大怒。然而，如今的曹丕已经不同于往日了，他掌握着满朝文武的生杀大权，完全可以任意处置鲍勋。

有一次行军宿营，鲍勋担任营中执法官。一天，他的一个朋友来军营探望他，因为军营还没有建好，所以朋友从中抄了近道。按照军规，军营内是不许抄近道的。军营令史要以违反军规处置鲍勋的那个朋友，鲍勋以营垒刚刚打桩画线、还没有建成为由，为朋友据理力争。

曹丕知道此事后，大喜过望，他终于抓住了鲍勋的把柄，因此马上下令道："鲍勋指鹿为马，应交办治罪！"

执法大臣接到命令后非常为难，因为鲍勋并没有违反军规，只是念及朋友情谊保护了友人而已，性质根本没有这么严重，更不至于被比成大奸臣赵高呀！

曹丕勃然大怒，说道：“鲍勋罪在必死，如果你们胆敢袒护他，我就将你们一并治罪！”

在做事情的时候，一定要三思而后行，特别是对地位比自己高的人，在交流和相处的时候更要谨言慎行，这样才不至于在不知不觉之间给自己惹来杀身之祸。当然，现代社会已然没有了真正意义上的杀身之祸，但是，人在职场，如果因为言行不慎而导致自己失去工作，不也很可惜吗？

著名的哲学家、教育家苏格拉底曾经说过：“一颗完全理智的心，就像是一把锋利无比的刀，会割伤使用它的人。”在这个世界上，没有任何事情是完全绝对的，每件事情都像一枚硬币似的具有两面性。这就告诫人们，不管是说话还是做事，都要给自己留有回旋的余地。看书的时候，我们总是发现书页的四周留有一些空白的地方；仔细观察水泥路面，我们不难发现，每隔一段距离，水泥路面之间就会有缝隙；即使是农民种庄稼，也会在行与行之间留下空隙……其实，这些都是留有余地。做人做事也一样，只有给自己留有余地，一旦事情发生变化，才不至于使自己陷于尴尬、进退两难的境地。对于别人所说的话，我们一定要结合实际情况综合考量，不可片面地主观臆断。

交往线索

做人的艺术，就是要讲究平衡，既要左顾右盼，又要瞻前顾后。要想更好地生活在这个世界上，千万不要让自己的言行和思维沿着一个方向发展，甚至走向极端。不管面对什么事情或人物，在你作出论断的时候，一定要给自己留有余地。

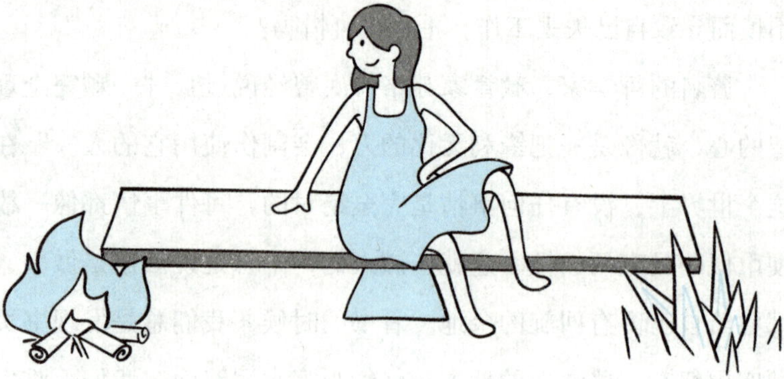

在社会上生存，不管是处世还是做人，都应该学会给自己留有余地，留条后路，事情不要做得太绝，话也不要说得太满。只有凡事给自己留有余地，才能在回头的时候有路可走，从而避免彻底失败。

总而言之，人有很多种智慧，然而，真正能够称得上人生智慧的就是给自己留点余地。说话要有弹性，做事要有分寸，凡事都讲究灵活的安排，以使自己回旋的余地更大。否则，一旦被别人抓住把柄，就会在无形之中给自己的人生设置障碍，甚至改变自己的人生轨迹。

太过依赖他人，容易被人利用

有的人总想依赖别人，即使看到天马上就要下雨了，也不带伞，一心只想着别人肯定会带伞，也肯定会帮助他，实际上，这种想法是最害人的。如果一个人不依靠自己的努力，而一心只想着依赖别人，到头来终将毫无所得。实际上，真正悟道的人是不会被外物干扰的。人生来就有自性，只是有的人因为平日不去寻找，所以还没有找到而已。如果自己不作任何努力，只把眼光放在别人身上，想依靠别人成功，那简直是不可能的。

有一天，一个老人和一个年轻人一起来到沙漠里栽种胡杨树。等到树苗成活以后，老人就很少来，即使偶尔来了，也只是扶一扶被风刮倒的树苗，不浇一点儿水，任由胡杨树自由地生长；年轻人却觉得沙漠里太干旱了，树苗很难长成大树，所以每隔几天就来给树苗浇水。

几年过去了，老人种的胡杨树看着很干枯，毫无生气，就像在沙漠中渴了很久的枯树一样。而年轻人种的胡杨树则不一样，郁郁葱葱，长得很粗壮。沙漠里的气候很恶劣，突然有一天，刮起了罕见的沙尘暴。风停后，人们惊讶地发现老人种的胡杨树只被风吹折了一些树枝，吹掉了一些树叶，而年轻人栽的胡杨树几乎全被风刮倒了，有的甚至被连根拔起。

年轻人疑惑不解，就问老人这是为什么，老人缓缓地说道："这是因为你总是隔三岔五地来给树浇水施肥，这样一来，它们自己就不会努力把根往泥土深处扎以汲取养分和水分。而我种的树则不同。自从树苗成活以后，我从来没有给树浇过水，因为生存环境的恶劣，所以它们不得不把自己的根扎到地底下的泉源中。你想，树有这么深的根，怎么可能轻易地被风刮倒呢？"

以上案例说明了一个道理，过分地依赖别人，必将使自己在面对困境的时候手足无措。就和胡杨树一样，任何时候，人都应该靠自己，只有这样，才能从容地面对人生的风风雨雨。这个道理同样适用于职场。虽然职场不讲求佛法，环境也不像沙漠那般恶劣，但是，职场却同样要求每一个人勤奋努力，依靠自己获得成功。

因此，同事之间只能互相合作，而不能互相依靠。在职场中，假如一个人总是依靠别人的帮助，那么，一旦他们之间的合作关系破裂，他就会遭受巨大的创伤。或者，即使他们之前的合作关系保持完好，那也是建立在各自的利益之上，所以，很难保证在面对更加巨大的利益时，你的合伙人是否会利用你成就他自己。

交往线索

现代社会，竞争越来越激烈，职场人士的压力也越来越大，在巨大的生存压力下，人们之间钩心斗角、尔虞我诈的现象越来越明显。在职场中生存，就犹如逆水行舟，不进则退。通常情况下，同事之间是合作的、互惠互利的关系，而很少有同学之间那般纯洁的友谊。

其实，人生就是一个过程，是一个历练自己、成就自己的过程。诗中有云，不经一番寒彻骨，哪得梅花扑鼻香。不管是在生活中还是职场中，我们都要依靠自己，自立自强。如果过分依赖别人，轻则被别人釜底抽薪，重则被别人利用，不管是哪一种，都是我们所不愿意看到的。

对待吃软不吃硬的人，要“就坡下驴”

陈红雷在读大学期间，谈了一个女朋友。刚开始的时候，父母是强烈反对的。因为陈红雷是家里的独子，所以，父母一心想让他大学毕业后回到家乡工作。而陈红雷谈的这个女朋友也是家里的独生女，她的父母也想让她大学毕业后回到家乡工作。这样一来，陈红雷的父母不禁头都大了，到底去谁家好呢？显然两人是不合适的。最合乎理想的是大学毕业后先回到老家找一份稳定的工作，然后再在本地找一个知根知底的女朋友，按部就班、万无一失地结婚、生子、过日子。但是，陈红雷显然不愿意听从父母的建议。其实，陈红雷的父母心里很清楚，陈红雷从小就有主意，自己拿定主意的事情很难改变想法，而且，陈红雷的逆反心理很重，如果父母说得不符合他的心意，他就会坚定地选择与父母对着干。因此，父母想来想去，虽然表示了强烈的反对，但是却一直没有采取具体的行动，因为他们怕起到相反的效果，导致事与愿违：万一儿子一生气决定去女友家发展了呢？

大学时光总是美好的，美好的时光总是容易偷偷溜走，不知不觉间，陈红雷和女友都将面临毕业了。为了去留问题，陈红雷和女友认真地谈过一次。因为陈红雷的家在内蒙古，而女友的家在广东，所以，首先他们在生活习惯上就很难容忍去对方的家里生活。不管是气候，还是饮食习惯，内蒙古与广东都相差十万八千里。经过反复的考虑，他们最终决定放弃双方父母的意见，而选择在就读大学的城市北京生活。这样一来，他们谁都不必为了谁去适应生活环境的改变，而北京，他们在大学期间已经完全适应和习惯了。商量好之后，陈红雷和女友分别和自己的父母认真地交谈了一次。原本，陈红雷以为父母一定会反对自己，因为父母一直希望他能够回老家生活。想不到的是，父母却支持他的决定，并且建议他最好再考个研究生，因为父母觉得学历高一些毕业的时候更好找工作，而且更有希望把户口落在北京。陈红雷喜出望外，马上就采纳了父母的建议。其实，陈红雷的父母之所以改变自己的想法而作出这样的决定，完全是因为他们知道陈红雷的叛逆心很强，如果双方发生言语冲突，他是很有可能在一气之下与女友去广东的。而得知儿子作出了留在北京的决定之后，陈红雷父母的一颗心终于落地了，毕竟北京比广东距离内蒙古近多了，而且儿子也不用去适应广东那与内蒙古截然不同的环境气候与饮食习惯了。老两口自我安慰道："如果儿子能在北京落户，不也很好吗？想儿子了随时就可以去看看，比去广东方便多了。"而陈红雷的心里也美滋滋的，得到了父母的谅解与支持，他与女友的爱情就更加美满了。

交往线索

在生活中，很多人不理解“就坡下驴”的意思。其实，从字面上来理解，“就坡下驴”就是说：人骑在驴子上，由于驴子比较高，所以要想下来，就很容易摔倒；为了安全起见，最好先找个陡坡，让驴子停在低处，人就可以顺势从驴子上下到陡坡的高处；这样一来，就使驴子的高度显得不那么高了，人下来的时候也就比较容易了，从而能够避免摔跤。在现实生活中，“就坡下驴”通常用来指找个借口下台阶，以避免难堪。

在上述案例中，陈红雷的父母对待陈红雷，就采取了典型的“就坡下驴”的策略。常言道，知子莫若母。当父母的，辛辛苦苦地养育了孩子二十多年，当然对孩子的一言一行、脾气秉性等都非常了解。如果陈红雷的父母只顾一味地反对陈红雷与女友谈恋爱，那么，他们不仅无法达到目的，还会造成很严重的后果。即使陈红雷最终不与女友去广东，也定会与父母闹得不欢而散。对于陈红雷这种有主见、逆反心理重的孩子而言，“就坡下驴”无疑是一个两全其美的办法。这样一来，陈红雷与女友不仅不用再为到底去谁的老家定居而发愁了，还可以在父母的支持下，共同努力，在北京为自己安一个家，使生活和事业都走向正轨。

其实，不管在生活中还是工作中，总有一些人特立独行、叛逆心强。只要我们深入理解“就坡下驴”的意思，并且在生活和工作中灵活运用，就能够避重就轻，减少与人交往时的冲突，从而更好地与身边的人相处。此外，“就坡下驴”还可以减轻人的逆反心理，使逆反者更加心甘情愿地采纳你的意见或者建议，这样一来，你不就离实现自己的心愿更近一步了吗？

第5章

循序渐进，运用心理学让事情更加顺利

在生活中，我们无法说服别人，很多时候是因为对方知道实际情况，所以才会对抗而不肯妥协。这时候，如果要让对方认可你，你就要学会适度虚张声势，即使对方坚持对抗，也会信心不坚，心理堡垒随时都有崩塌的可能。当你用“语言”迷惑住对方之后，你便在双方的交往中占据了绝对的主动地位。那么，究竟该如何巧妙地表现呢？在这一章，我们将为你进一步讲解。

装装糊涂，打消对方的戒备心

在新的工作环境里上班的第一天，黄满感觉非常不习惯，不仅是因为新环境不适应，最主要的还是和新同事不熟悉。

于是，这天中午，她利用午休的时间，和同事环美聊起了天。由于刚刚认识，环美对她抱有很强的戒备心。双方聊了聊天气，聊了聊拥堵的路况，就没了话题。

这时候，黄满说："我这人方向感特别不好，今天早上来的时候走错了地方，我还一个劲儿地敲门呢，结果走到了隔壁楼，幸亏一位大姐的热心帮助，我才找到这边来。你说我是不是太笨了啊？"

环美笑着说："这不算什么，我有一次直接坐反了车，还一直纳闷呢，怎么还不到站？直到车到了终点，我问了乘务员才知道原来自己坐反车了，当时好丢人啊！"

就这样，黄满和环美之间的话慢慢多了起来，环美也不再表现得那么矜持了，而是畅所欲言，再加上两人年龄相近，聊的话题越来越多。黄满嗓门很大，环美也不再装淑女了，而是没心没肺地开怀大笑起来。她们很快就成了无话不谈的朋友。

黄满在这个新环境里有了朋友，她再也不孤独了。

交往线索

每个人都有缺点，在和别人接触的时候，我们会尽量地掩饰这些不足，把完美的自己呈现给对方，因此，我们总是小心翼翼地与他人保持着距离。我们是这样，别人也是这样的。其实，为了能迅速和他人拉近心理距离，就要适当地把你的缺点和不足暴露给对方，让他人感受到你也是有缺点的，从而解除因为自己的缺点被人发现而受人嘲笑的担忧，这样，对方的戒备心就会松懈。

案例中的黄满和环美由于刚认识，所以彼此之间都很有戒心，后来在暴露了彼此的不少缺点之后，双方的心理距离被迅速拉近了。

由此可见，暴露缺点，让他人感觉到你的真实，进而跟真实的自己进行比较，觉得安全后，彼此的心理距离会被迅速拉近。那么，向对方暴露自己的缺点时，需要注意什么呢？

1. 要暴露大众的缺点

暴露自己的缺点，是为了让别人感受到你的真实，认识到你也是个有毛病的人。这个“毛病”要有大众的特点，是大多数人会有的毛病。比如粗心马虎，就像案例中的黄满一样，因为粗心而走错了地方。由于是大多数人都很容易犯的毛病，所以对方身上一定也有，这样就能迅速产生情感的共鸣，有利于迅速拉近心理距离。

2. 能力的不足忌讳说

对于一些能力上的欠缺，在不熟悉的人面前最好别说，以免给别人留下你能力差的坏印象。在“近朱者赤，近墨者黑”的观念影响下，一般人都不愿意跟一个没有能力的人接触和交往，这样你的坦诚不但换不来友善，还会扩大彼此之间的心理距离。因此，在暴露缺点的时候，能力上的不足是个禁区。

3. 人性的缺点忌讳说

在暴露缺点的时候，对于人性的一些缺点，如自私自利、损人利己等最好别说。尽管你是为了让别人更加了解你，但是别人知道了你的这些缺点后，为了自身的利益，会选择远离你。你暴露的缺点，让别人对你的人品有了成见，这无益于你和别人拉近心理距离，反而扩大了心理距离。

4. 暴露些优点式缺点

在暴露自己的缺点时，不妨多说一些优点式的缺点，比如，你比较“傻一点”，总是吃亏，你比较“老实”一些等，表面上是在说自己的缺点，实际上是在说自己的优点。别人知道了你的这些缺点后，自然会对你有个整体的判断。当他人感觉到和你在一起是安全的，自然也就会说出他自己的缺点以消除戒备心，从而和你拉近心理距离。

5. 暴露缺点忌埋怨人

很多人在向别人暴露自己缺点的时候，不是在说自己的毛病，而是在抱怨别人。这样会让别人感觉到你不会良好地处理人际关系，而是在怨天尤人。和你接近后，如果出了问题，你也会抱怨他。因此，别人会对你有成见和看法。实际上，你的坦诚并没有换来别人的亲近，相反，导致别人的心理戒备更强，从而别人就会和你疏远关系。

真正的智者往往大智若愚

有一个5岁大的孩子，当别人同时拿出5毛钱和1块钱让他选择时，孩子果断地选择了5毛钱。于是，大人们就觉得孩子傻，竟然不知道1块钱比5毛钱的面额大。

有一个外地来的人听说了这个小孩，他不相信真有这么傻的孩子。于是他找到了这个孩子，同样拿出5毛钱和1块钱让这个孩子选择，结果这个孩子真的选择了5毛钱。

外地人觉得不可思议，他问这个孩子：“难道你真的不知道1块钱比5毛钱能买更多的东西吗？”

孩子小声说：“我当然知道了，但是如果我选择了1块钱，以后就没有人跟我玩儿这个游戏了。”

事实上，这个小孩并不傻，可以说是聪明绝顶，但是他宁愿像个傻子一样去选择5毛钱，因为他选择了5毛钱，就会有人不断地来测试他，所以，他就能不断地得到5毛钱。如果他选择了1块钱，那他得到的也仅仅是1块钱。他把自己装成傻子，傻子当得越久，他就拿得越多。这就是孩子的“傻子哲学”。

在聪明人面前装糊涂，永远扮演“傻者、弱者”的角色，让别人忽略自己，从而可以更好地保护自己，也方便以后处世，这才是真正的大智若愚。

在聪明人面前装糊涂可以避免不必要的尴尬，在愚蠢人面前装糊涂会得到认可和肯定，在上级面前装糊涂可以避免被打压，在同事面前装糊涂可以避免受排挤，而在下级面前装糊涂可以得到下级的爱戴和拥护。但有一点必须要记住，在需要你发挥才能的时候，一定要竭尽全力地把事情做得尽善尽美以免你的才能被埋没。

所以，在生活中要学会低调一些，不要锋芒太露。不错，显露才华能在一定程度上证明你的能力，但是也容易引起别人的嫉妒心理，给自己带来不必要的麻烦和压力。很多才华横溢的人，往往一辈子无所成就，就是因为他们没有在明争暗斗中隐藏自己的实力，始终把自己置于靶子的中心，最终完全被斗争的内耗所累。

当然，并不是说有才要完全低调，毕竟这已经不是“是金子就会发光”的时代，适当展现自己的才华也是很有必要的，至少让“伯乐”有机会相中你这匹“千里马”。但是，一定要切记，显露才华要适可而止，该表现的时候表现，不该表现的时候千万别表现。

所以，即使你才华横溢，也要适当地收敛一些，不要到处张扬炫耀，要给别人一个展示才华的机会。每个人都希望有一个自己的舞台，不要轻易剥夺别人的这个权利。你剥夺了别人的权利，别人自然会拼了命地排斥你。

交往线索

为人处世要谦虚，不要一味地恃才逞能。很多事情，对于你来说非常容易，但是对于别人来说未必简单，“知之为知之，不知为不知”。在这种情况下，就算你知道了，也要假装不知道，给别人个机会，让别人也能表现一下，即使别人没有你做得好，也要给予肯定。如果事事都想自己表现，那么虽然你的虚荣心得到了满足，但是别人的自卑感却更加强烈了。

揣着聪明装糊涂才是真正的聪明，事实上也只有这样，才能在错综复杂的人际关系中存活下去。所以，如果你是才能出众之人，要学会有意或无意地卖点儿“傻”。学会隐藏自己的光芒才是最重要的，这样才使人感觉亲近，更容易让人接受，这是让自己生存下去的重要方法。

适时强势点，展现你的威严

在生活中，我们都会遇到很多困扰，尤其是在竞争日益激烈的现代社会，竞争的压力压得我们喘不过气来。很多人都在面对竞争对手的时候不知所措，往往因一时的求胜心理导致自己方寸大乱，这时可以在对方面前适时装得强势一些，显示自己的威力，进而让对方产生畏惧心理，最终达到扰乱对方阵脚的目的。

适时装得强势一些，显示出自己的威力，暗示自己非常棒，在这种积极的心理暗示之下，你自己会更有信心，表现得更加出色。同时，给对方压力，暗示对方你是个很有实力的人，比他强，能够使对方产生畏惧心理，并在不知不觉中听从于你。

在面对对手的进攻时，可以适时地向对方展示自己的能力，而且要在关键时刻将自己的能力发挥到极致，这样一来，不但能弥补自己某些方面的劣势，还能给对手造成一定的心理压力。以此来让对手产生畏惧心理，最终扰乱对方的阵脚，达到自己的目的。

在实践中，当我们面对强大的对手时，该如何让自己适时地发威呢?

交往线索

要想在竞争中获胜，要么是自己足够强大，要么是对手足够弱小。在相差无几的对手之间，其实就是心理的较量。适时地显示自己的威力，让自己变得更加自信，才能发挥得更加出色，从而震慑住对手，让对方心生畏惧，最终达到不战自败的结果。

1. 将优势发挥到极致

任何人都有自己的优势和劣势，因此，在面对竞争对手的时候，要将自己的优势发挥出来，以掩盖自己的劣势。既然是优势，那么自然就是自己独到的东西，就要学会在关键时刻将其发挥出来，而且发挥到极致。

2. 向对手的弱项进攻

要想让对手产生畏惧，就要找到对手的软肋，然后对其进行攻击。这样，即使你表现得不是很优秀，但只要比对手表现得好，就会给对手带来一定的压力。所以，在竞争前，一定要对对手有个清晰的了解，不但要了解对手的弱项，还要了解对手的强项，以免反被对手所制。

偶尔示弱，让对方乐于帮助你

显示自己的软弱，也是一种生存的智慧。在自然界进化的过程中，越善于显示自己软弱的生命体，就越能有效保护自己，适应环境的变化。

显示自己的软弱，是一种处世艺术，它可以让我们得到那些“逞强”的人得不到的东西——同情。

想要得到对方帮助的时候，要适时地显示自己的软弱，从而唤起对方的恻隐之心，调动对方的怜悯之心，从而暗示需要对方的帮助。人心都是肉长的，只要你将自己说得足够软弱，对方是会动心的。

那么，在向对方显示软弱，让对方帮助你的时候，需要注意哪些方面呢？

1. 将自己的遭遇说得可怜一些

人都有恻隐之心，当你把自己说得足够可怜，足够软弱的时候，对方内心深处会萌发出一种想要帮助你的原始冲动。同时对方也明白，你选择他作为倾诉对象，自然希望他能够帮助你。因此，这种帮助会上升为一种责任。这样一来，获得对方帮助的概率会大大增加。

交往线索

“恻隐之心，人皆有之。”同情弱者是人性天生的弱点。因此要想获得别人的帮助，就要唤醒对方的恻隐之心，调动对方的怜悯之情，使对方在感情上与你靠近，从而产生共鸣。向对方展示自己的软弱，以此来博得对方的同情，让对方主动地帮助你。

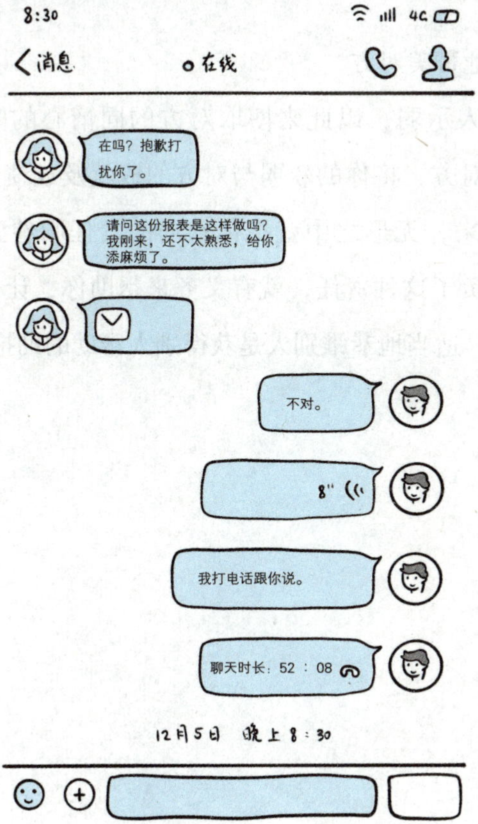

2. 关键时刻，不妨掉几滴眼泪

如果你的示弱没有打动对方，那么不妨在关键时刻掉几滴眼泪。一般人在看到别人流眼泪时，都会心软，而且害怕别人说他欺负弱者，害怕承受舆论的谴责，因此只要你一流眼泪，对方就会着急，就会想方设法让你停止流泪。因此，这时候是对方压力最大的时候。只要你的眼泪不停止，那么对方只能向你妥协。

3. 适当地赞美对方

在向别人示弱，以此来博取对方的同情心的时候，也要适当地赞美对方，将你的软弱与对方的成就及成绩作鲜明的对比，这样一来，无形之中就把你软弱的责任归咎到了对方身上。对方背负了这种责任，就有义务来帮助你，让你脱离“苦海”。因此，适当地恭维别人是获得别人帮助的助推剂。

学会适度炒作，让你成为焦点

人际关系的正常交往，是因为在彼此被对方尊重的前提之下，有了同等的身份和地位。如果别人看不起你，或者轻视你，那么双方之间的关系就会发生微妙的变化，彼此之间也会产生心理隔阂。当你发现你身边的人开始不重视你、不尊重你的时候，不妨多个心思，学会适度地炒作自己，引起对方的重视，让对方尊重你。那么，如何炒作自己，让别人不敢轻视你呢？

1. 显露自己曾经的辉煌

一个人的能力如何，往往能从他曾经和现在所取得的辉煌成就上表现出来。人都比较尊敬那些有本事的人，所以，当你和对方交谈的时候，如果感觉到对方轻视你，那不妨适当地提及一下你曾经和现在取得的辉煌，让他人对你产生敬意。

2. 透露自己的社会地位

对于社会地位高的人，人都不敢轻视，相反而是恭维。因为对方的社会地位高，意味着比他有更高的能力，更强的本事。所以，在言谈中，适当地透露自己的社会地位，给对方造成心理上的压力。这样，当别人的社会地位比你低时，气场便会比你弱，从而便不敢轻视你。

交往线索

当别人看不起你、轻视你的时候，要懂得适当地炒作自己，让自己成为焦点，从而赢得他人的重视，赢得他人的尊重。

3. 提及自己的收入水平

当今社会，一个人收入水平的高低，往往决定一个人价值的大小。如果你的收入高，就意味着你的价值大，别人也会尊敬你；如果你的收入低，别人就会瞧不起你。因此，在谈话的时候，不妨把自己的收入说得高一些，让别人觉得你的社会价值比他的大，你比他有本事，那么他便不敢轻视你。

4. 及时显露自己的才华

有才华的人往往令人羡慕和钦佩，尤其是一些别人无法企及的才华，更能让对方钦佩得五体投地。因为别人在这方面无法与你相比，所以，你在气场上已经牢牢地占据了上风。这时候，他人没有嘲笑你的理由，更多的是赞美和钦佩。事实上，这是对你最大的尊重。

5. 说与你有关系的本事人

很多时候，人考虑的都是自己的利益。当对方觉得你没有什么利用价值的时候，便会轻视你。与人交谈的时候，不妨提及一些与你有关系的本事人。因为他们有本事，可能会对对方有利用价值，而对方又无法认识他们，这时候你的价值就凸显了出来。

故意出错，探明对方的真实内心

在和别人交谈时，如果你猜不透对方的心思，不知道对方的意图，往往处于被动位置。如果这时候，不去探知对方的所思所想，而是眉毛胡子一把抓，那么，在言语上势必要输上一筹。你不妨假装说错话，探出对方的真实意图，在投石问路之后，再顺水推舟，让事情按照你所预想的方向发展。

梅青羽毛球打得非常好。为了让她在这个领域有更好的发展，老师介绍她认识了市羽毛球队的教练王筝。

在和王教练的谈话中，梅青心里有些忐忑不安，她明白，获得王教练的认可对她来说非常重要。但是她不知道对方究竟想要了解她什么，因此，她不敢多说话，担心自己说不到点子上，给王教练留下不好的印象。

聊了几分钟之后，梅青说："王教练，我认为要想做个合格的运动员，没有打球的天赋是不行的，您觉得对吗？"

王教练笑着说："也不一定。我觉得作为一个优秀的羽毛球运动员首先要勤奋，绝对不能有半点懒散，还有就是绝对不能有自满的情绪。你的说法有些片面了。"

王教练的一番话让梅青吃了一颗定心丸，尽管这时候，王教练对她还没有表现出浓厚的兴趣，但是她已经知道，如何在他面前展示自己。

于是，在接下来的谈话中，她有意把自己向王教练所希望的那样介绍。

果然，两天后，王教练打来电话，让梅青去市羽毛球队参加入队前的训练。

那么，如何做到这些呢？

1. 用错误的猜测去诱导对方说真话

通常情况下，如果你想要了解对方内心的所思所想，而又不方便直接问，这时不妨故意错误地猜测，诱导对方把内心的真话说出来。

由于与对方的内心所想不一样，难免会产生各种谣言，因此，为了避免别人胡乱猜测，人往往会说出实话以证明自己。尽管对方内心不想说，但是也会在不经意间说出来。只要你洞悉了对方的心，那么无疑掌握了绝对的主动权。

2. 不妨让自己犯一些简单幼稚的错误

人都有想当“老师”的愿望，都想证明自己比别人强，因而，在洞悉对方内心的真实想法时，不妨犯一些简单和幼稚的错误。由于简单和幼稚，对方便有想要纠正的念头。在纠正过程中，对方内心的所思所想便会显露出来。对方没说，你也没问，但是你却明白了他内心的真实想法。当然，这就要求你在说话时要机灵，听话时要聪明。

交往线索

在和你不了解的人谈话的时候，要采用假装说错话的方式来投石问路，先尽可能多地去了解别人。当对对方有了大概的了解之后，再顺水推舟，顺着对方的意愿去调整。

3. 故意误解对方，迫使他暴露心意

人都不希望别人误会自己，一旦发现，便要迫不及待作出解释，让别人更好地理解自己。基于这种心理，在洞悉别人心思的时候，不妨故意误解他，让他为你作解释。为了更好地证明自己，对方往往会把真实的想法说出来。这样，你不费吹灰之力就得知了你想要了解的东西，探出了对方内心的真实想法，在接触和交往当中就会占据绝对的主动地位。

第6章

留下好感，提升在他人心中分量的心理技巧

在人际交往中，在心理上赢得对方的心，赢得对方的好感是广结人脉的前提。如果你想拥有广泛的人脉关系，那么就要学会迅速地博得别人的青睐和好感，这就为进一步的接触和交往埋下了伏笔。想赢得别人的好感，是有一定的技巧和策略可以遵循的，比如，多说一些对方感兴趣的话，适度顺应对方，给对方留下美好的第一印象等。只要掌握了这些基本的策略和技巧，相信你的人际关系会扩展很多。

首因效应：良好的第一印象至关重要

在人际交往当中，当别人给你留下的第一印象良好时，在接下来的接触中你会觉得他什么都好；如果别人给你留下的第一印象不好，你就会时时看他不顺眼，这就是心理学上所说的首因效应。那么，要想在人际接触中被人接纳和肯定，就要给别人留下完美的第一印象。

那么，如何才能给别人留下美好的第一印象呢？

1. 注意穿着打扮，塑造美好的气质

对于很多人来说，良好的气质是给别人留下美好的第一印象的前提，因为引起别人关注的首先是外在形象。所以，要注意穿着打扮，将自己的气质塑造出来。

2. 不要矫揉造作，表达要大方而自信

很多人总是很谦虚，需要他表现的时候，扭扭捏捏，让人觉得矫揉造作，这样的人难登大雅之堂，而且会给别人留下极不好的印象。相反，大方自信的人更能赢得别人的喜欢和欣赏。可见，在表达自己的时候不妨大方一些，自信一些，让别人因为你的大方和自信而对你充满好感。

交往线索

第一印象往往能影响一个人的生存和发展，尤其是在职场或者人际交往当中，更是如此。

3. 懂些社交礼仪，更显知书达理

在社交的时候，要懂一些基本的社交礼仪，让别人看到你知书达理的一面。不可否认，人都比较欣赏外形好的人，但是懂礼貌更能赢得别人的青睐，赢得别人的好感。因此，每个人都要懂礼貌，在别人面前表现出你懂礼貌、知书达理的一面，就可以让别人印象深刻。

4. 用创新思维展现优势，吸引注意力

每个人都有好奇心，当一个新鲜的事物出现在眼前的时候，往往都有很大的兴趣，进而留下很深的印象。当然，创新思维要独特一些，而且要在别人能接受范围内，如你对问题独到的见解，或者是崭新的理念。当你去面试时，面试的人太多，你悄悄地给老总写了个纸条，让秘书传达，而别人没有这样干过，那么你这样做往往就会让老总对你刮目相看。

表达认同，不要轻易否定他人

每个人的想法和观念不同，在交流和沟通的时候难免会出现摩擦和冲突。如果你直接说对方的观点是错误的，你的观点是正确的，那么势必会给对方的心理造成伤害。即便你所说的、所想的是正确的，别人也不会对你有好印象。

在说服别人的时候，不要直接否定，而要给予其认可并表示理解，之后再提出建议，维护对方的自尊。那么，如何才能做到先认可对方，再提出建议以维护他人的自尊呢？

1. 站在对方的立场上理解他人

一般情况下，你之所以觉得对方的想法和观点是不对的，是因为你站在自己的立场上想问题。那么，要想扭转对方的想法，就要站在对方的角度上去理解对方。只有站在对方的立场上去理解对方，这样对方才会觉得你真实地明白了他的感受。

2. 在理解中包含赞许和恭维

在对他人表示理解的时候，不妨适当地添加一些赞许和恭维的话，这样会给别人一种你很欣赏他的感觉。对方也会因此而感到高兴，对你的防备自然也就降到了最低。你的赞美和恭维是对对方的肯定，即使对方最终被你说服，他也会满心欢喜。

交往线索

争吵中永远没有赢家。即使表面上你把对方说服了，别人也不会真的心服口服，你得到的不是信任，而是敌对。如果你适度地顺从对方，先表达你的肯定，赢得他人的好感，然后再提出建议，这样对方在心理上就能接受，继而将你当作他的真心朋友。

3. 口气缓和以表示给予的是建议

不管是否定别人还是说服别人，说话的口气一定要柔和一些。一般情况下，说话口气的强弱可以表达心理对抗的强弱。柔和的声音可降低对方的敌对情绪，让别人感觉你是在和他商量，是在向他提建议，而不是在要求他。没有人喜欢被别人呼来唤去，而只有你的商量让别人受到了应有的尊重，别人才会信任你并顺从你。

4. 表明建议后穿插征询的提问

一般情况下，当人在听到意见或建议的时候，往往会处于一个模糊状态，不反对，也不会立即接受。这时候，如果你适当地穿插一些征询式的提问，比如，“行吗？”“好不好？”“怎么样？”等，则能引导对方向你靠拢。除此之外，这样的询问更让对方觉得受到了应有的尊重，使对方认识到这是在商量，而不是在提要求。

积极表达，让对方乐意与你交往

有时候，面对一个陌生的环境，有些人选择了完全的沉默，要么等着他人来打破这个僵局，要么宁可忍受着这种尴尬也不说一句话。要是对方也是个冷漠不爱说话的人，这个相逢便会变成煎熬。

先开口说话的人会在这个时候占尽优势，人与人之间的交往有先入为主的思想，先开口说话的人往往会以主人自居。既然是主人，那么冷落客人总归不好，所以，这个时候，先开口说话的人控制着谈话的主题和交谈的深度。

那么，究竟应该用怎样的积极态度来赢得别人的喜爱呢？

1. 主动跟别人打招呼和说话

由于彼此之间不熟悉，所以为了保护自己，人都不喜欢主动跟陌生人打招呼。正所谓“谁主动，谁被动”，但是，由于先入为主的心理理念，当你主动跟别人打招呼和说话之后，你就能主导这次谈话，在心理上你就能占据“主人”的位置，从而就能使谈话按照自己想要的方向去引导。事实上，掌握了交谈的主动权就是掌握了交往的主动权。

交往线索

主动和别人交谈，往往会获得意想不到的收获，你生命中的贵人随时可能出现在你的身边。你的沉默或许会让你和对方擦肩而过，从而造成终身遗憾，影响自己的事业和前程的发展。

2. 主动敞开心扉说出小秘密

人们之间不熟悉，所以都有很强的心理戒备。这时候，要想取得别人的信任，就要主动敞开心扉，说出小秘密，让别人觉得你在他面前是透明的。这样，对方感觉到了绝对的安全，才会把心向你敞开。当然，在这个过程中要注意，不要把内心深处的秘密透露出来，以免给自己带来不必要的麻烦。

3. 主动向他人伸出援助之手

任何人都需要别人的帮助，同样，在与陌生人相处的时候，如果对方遇到了麻烦，要积极主动地伸出援助之手，让他人感受到你的热情，感受到你的善良，并因此喜欢和你交往。当然，乐于助人也不能随心所欲，要征求对方的同意之后才行，如果别人不同意，那么最好不要强行帮忙，以免引来对方的误会和厌恶。

4. 主动和他人分享你的好处

很多时候，当你和身边的人由于彼此陌生而保持沉默时，如果你把随身携带的瓜子和水果跟他人分享，那么很快你们之间不会再陌生了。这是因为，你在和别人分享你的好处的时候，同样也把你的友好和善良传达了出来，别人接受了你的邀请，自然不会再对你保持警惕和戒备心理。

少说多听，做贴心的倾听者

倾听是理解的前提，学会倾听别人的人，才能被别人接纳，才能掌握交往的主动权。你给别人的尊重必然换回别人对你的肯定。在生活中，有些人总是喜欢表达，总是在别人面前说个不停，这会让别人觉得他们心里急躁，不成熟。这样，尽管他们掌握着说话权，可是却失去了交往的主动权。

事实上，生活在这个世界上的人，谁能没有故事呢？每个人都遭遇了太多生活的磨难，总希望能够说出来，有人分担；获得了成功的喜悦，总希望有人来分享。任何人都有想要表达的欲望，只要你满足了对方的这种心理，别人就会觉得你善解人意。在交往当中，认真聆听无疑会让你赢得对方的心，占据主动地位。那么，如何才能做一个好的倾听者呢？

1. 要把说话权利让给别人

在生活中，有时别人貌似在和你交流，其实是想满足自己的表达欲望，只是希望你能充当一个倾听者。这时候你一定要保持沉默，即使你不想听对方的那些陈芝麻烂谷子，也要假装在倾听，以表达你的尊重。因此，要想掌握交往的主动权，就要把说话权让给对方，让对方的表达欲得到满足，从而对你充满好感。

交往线索

你保持安静一些，认真地倾听别人，这样不但让别人受到了尊重，而且在倾听的过程中，你也获得了更多的与对方有关的信息。这样，在和对方交往中便会掌握更大的主动权。

2. 用点头来表达对对方的肯定

交流的双方都希望对方能倾听自己，肯定自己。对方表达的同时，也希望能获得你的认可和肯定。尽管你可能并不赞同他的一些想法和看法，但是他会因为你没有反驳和辩解而认定你是支持和肯定他的，从而将你看成自己人。要想获得他人的好感，就要通过不断点头来肯定对方的说法。

3. 眼睛要认真注视着对方

人与人之间的交流是从心开始的，而眼睛又是心灵的窗户，所以双方的眼神交流很重要。在倾听别人说话的时候，一定要用眼睛注视着对方，这样会让对方觉得你在认真地倾听，从而感受到你内心的那份真诚。当然还要注意，当对方高兴的时候，一定要用眼神将快乐表现出来；当对方哀伤的时候，也一定要用眼神把悲伤表现出来，这样会让对方觉得你是在陪着他快乐和哀伤。

4. 时常重复以得到对方确认

人与人之间的交流是个互动的过程，同样别人在倾诉的时候，也希望你能够参与进来。所以，在倾听别人说话的同时，要时不时地重复对方的话，并获得他人的肯定，这样不但能表达你在认真倾听，还可以借着这个机会把自己没有听明白的话弄明白，以免对方突然问你的意见，你回答不上来，或者回答错误，让对方心情大受影响。

对方想听什么，你先要说什么

在生活中，我们不得不承认，当有人表现出和你相同的爱好时，你会关注他，比如，对方和你操同样的口音，对方和你去办同一件事情。即使是陌路人，你也会和对方聊上两句。一般情况下，有了相同的爱好，才觉得有了安全感。你明白只有对方才能体会你的快乐和痛苦，因此，你也会很自然地向对方靠近，与对方分享那份快乐和痛苦。

因此，当你想要和别人结交的时候，不妨从对方的爱好和兴趣入手，继而迅速获得对方的好感。因为有相同的爱好，对方也会注意你，也会靠近你。你和他是同一类人，这是双方产生的心理共鸣。

那么，如何才能做到这一点呢？

1. 细心观察，发现对方的兴趣爱好

每个人都有自己的兴趣和爱好，有的人喜欢看书，有的人喜欢踢球。不管是谁，只要你细心观察，一定会发现他的兴趣爱好。因此，要想获得对方的好感，打开交际的大门，就要捕捉到对方的兴趣所在，这是靠近对方的前提和条件。

交往线索

想要和某人结交，要先了解对方喜欢什么，厌恶什么，然后从对方的兴趣爱好入手，跨越两人之间交流的鸿沟。

2. 花点心思，多了解掌握相关知识

当你了解了对方的兴趣爱好之后，就要花点心思，去了解和掌握相关的知识。因为别人喜欢它，因此，对它的了解和掌握也一定很多。如果你不掌握相关的知识和信息，在别人和你交谈的时候，你就会露出马脚，引起对方的不悦。所以，要细心一些，尽可能多掌握一些对方兴趣所在的信息，为赢得好感做准备。

3. 将对方的兴趣爱好表现成自己的

在了解和掌握了别人的兴趣爱好之后，要想办法培养自己对这种爱好的兴趣。比如，对方爱踢球，那么要想获得对方好感，就要培养对踢球的极大兴趣，这样，对方才会觉得你是真的喜欢，否则就会被对方看穿。因为喜欢与否不是嘴上说的，而是会从表情和言谈举止中表现出来的。

4. 要表现卓越，再谦虚地和对方交流

如果你想要结交一个人，那么不但要了解对方的兴趣爱好，学习对方的兴趣爱好，还要在这方面有卓越的表现，让别人打心眼儿里喜欢你。这样你才能有机会获得对方的好感，争取交往的主动权。否则，别人不欣赏你，不愿意和你交往，那么你的付出只能枉费了。

善于自嘲者，更易获得好人缘

很多情况下，没有人愿意在别人面前承认自己的缺点和不足，甚至当别人提及自己的缺点和不足时，往往会力争辩解，努力洗刷自己身上的“污点”。但是，如果你能在别人面前毫无掩饰地披露自己的缺点，将缺点和不足当作优点一样感到自豪，则更能获得别人的认可，从而获得知心朋友。

懂得自嘲，不但能缓解社交气氛，还会获得真诚的知己。那么，如何学会自嘲呢？

1. 不要害怕暴露缺点而失面子

很多人总是尽量在别人面前表现得完美，表现自己的优势。如果不小心露出了缺点和不足，他会感觉很没面子。事实上，你越担心，别人越笑话你。这时候，索性将你的缺点和不足一五一十地说出来，别人便不好意思再笑话你，反而会因为你的坦诚而喜欢你，因为说不定你的缺点和不足正是他的缺点和不足。当你说出来之后，你没有了担忧，别人也没有了压力。因此，不妨将你的缺点说出来，好好地自嘲一番。

交往线索

人都比较好面子，在别人面前承认自己的不足会觉得很丢人。但是当你披露自己的缺点，自嘲的时候，别人会觉得你比较坦诚，更容易接近，从而更加喜欢你。因此，会自嘲的人身边永远不会缺知心朋友。

2. 将缺点当作优势炫耀

当一个人把自己的缺点当作优点之后，就不会再去掩饰。例如，你个子不够高，你就可以说“可以省下二尺布料”，或者说“浓缩的都是精华”。这样一来，你个子不高的劣势便成了优势。

3. 成熟接受自我的心态是关键

成熟的心态对于自嘲来说至关重要。只有心态成熟，你才能接受一个并不完美的自己，才会认可自己的不足和缺点。这样，你就不会刻意地表现得完美一些，因为你本身并不完美，当别人提及你的不足和缺点的时候也不会感到不好意思。更重要的是，你能把自己的缺点和不足非常自豪地展现给大家。要做到这一点，对于很多人来说，实在不是一件容易的事。但是，会自嘲的人才更有魅力，从而才会获得更多的知心朋友。

适时听从他人的意见，但也不可人云亦云

在生活中，很多人遇到事情后，往往表现得很慌乱，不知道该怎么办。他们会听从很多人的建议，没有主见，往往让别人替自己做主。但是别人毕竟不是当事人，意见自然不够全面，这样就会把很多事情处理得一塌糊涂。事实上，当你没有主见，把决定权交给别人的时候，你也就失去了别人的尊重。

那么，如何才能让自己善于听从意见，又不失主见呢？

1. 要明白，别人提的只是意见

很多时候，人在面对疑惑和迷茫的时候，往往会征求朋友的意见和建议。但是朋友毕竟不是你，提意见的时候天南海北，什么都可以说，因为他作为一个旁观者，对事情的认识没有你清楚，因此提的意见也有很大的片面性。一定要认清楚这一点，千万不要把别人的意见当作你处理问题的原则。

2. 不要把希望寄托在别人身上

有的人在不知所措的时候，总喜欢把希望寄托在别人身上，希望别人给自己出一个好主意。可是，你别忘了，这是你自己的事情，疼痛冷暖只有你自己知道，别人永远都不可能替你解决问题。归根结底，自己的问题需要自己来解决。

交往线索

没有主见，把自己事情的决定权留给别人是多么愚蠢的一件事情。往往这样的人也会受人歧视，被人看不起。

3. 要考虑清楚“自己”的想法

别人在提意见的时候，说的都是他的想法和看法。但是对方也是人，不可能把事情都看透，他只是以他现有的认识能力和感知水平，给你提出他的建议。每个人经历的生活不一样，对事物的看法也不一样，因此，别人的建议也未必就是对的。所以，在面临迷惑的时候，事实上只有你自己最清楚到底该怎么办。抛开所有人的建议和意见，问清楚自己，你的想法究竟是什么。当你表现得有主见的时候，也就是征服别人的时候。

4. 拿定主意做自己意见的主人

如果你总在别人的意见中不断地游离，就会很容易迷失自己。这样，当你听从了朋友的意见，作了决定之后，很快就会后悔。因为别人根据经验所提供的建议和意见，或许并不适合你。因此，拿定主意，该怎么办就怎么办，遵从自己，做自己意见的主人，从而赢得别人的欣赏。

第7章

以诚动人，这些心理学知识让你迅速赢得信任

在生活中，不管面对什么事情，要想圆满地解决，就必须要讲究策略。古人说，有勇有谋，这里所说的策略就是古人所说的谋。很多时候，如果不讲策略，一味地蛮干，最后非但无法顺利达成目标，甚至还有可能两败俱伤。反之，如果讲究策略，就能够潜入对方的内心，不知不觉地让对方信任你。这样一来，就能够不动一兵一卒地赢取胜利。由此可见，策略攻心是很重要的。

鸟笼效应：得到之前，先要给予

1907年，心理学家詹姆斯和好友物理学家卡尔森一起从哈佛大学退休了。

退休以后，他们经常在一起消遣时光。有一天，他们居然打起赌来。詹姆斯信心满满地说：“我有个办法，要不了多久就一定能够让你养上一只鸟。”听完詹姆斯信誓旦旦的话后，卡尔森哈哈大笑起来，他肯定地说：“我从来就没有想过要养一只鸟，所以我是绝对不会养鸟的，你输定了。”

几天之后就是卡尔森的生日了，生日当天，詹姆斯送给卡尔森一只精致漂亮的鸟笼作为生日礼物。卡尔森知道詹姆斯还在记着上次打赌的事情，因此，笑着说：“就算你给我一只鸟笼，我也不会养鸟。不过，这只鸟笼挺漂亮，所以，我可以把它当成一件工艺品，挂在客厅里欣赏。”

此后，卡尔森真的把詹姆斯送给他的鸟笼当成工艺品挂在了客厅，不过，他却没有意识到麻烦来了。自从把鸟笼挂在家中后，只要家里来客人，就很容易看见挂在书桌旁边的那只空荡荡的鸟笼，而且，大多数客人都会忍不住问卡尔森：“教授，您的鸟笼怎么空了啊？养的鸟飞走了吗？”

交往线索

“鸟笼效应”为人们揭示了一个很有意思的心理规律。即在偶然得到一件原本不需要的物品时，为了让这个物品看上去更加完整、完美，人们会情不自禁地继续添加更多自己原本不需要的，但是却与这个物品非常匹配的东西。

为此，卡尔森只好一次次不厌其烦地向客人解释：“其实，事情不是你想的那样，我从来就没有养过鸟，这只鸟笼只是一个朋友送的工艺品罢了。”但是，每当卡尔森这样回答客人的时候，客人就会流露出非常困惑的神情，还有些人会用不信任的，甚至是怀疑的目光看着卡尔森。渐渐地，卡尔森厌烦极了，再也不想为此事浪费唇舌向客人解释了。为了堵住客人的嘴巴，万般无奈之下，卡尔森教授不得不买一只鸟放进詹姆斯送给他的鸟笼中。就这样，“鸟笼效应”诞生了。

在上述案例中，詹姆斯教授通过送一只空鸟笼给卡尔森教授，成功地让卡尔森教授养起了鸟，由此提出了“鸟笼效应”。

关于“鸟笼效应”，经济学家解释说，人们之所以愿意去买一只鸟，而不选择继续解释为什么会拥有一只空鸟笼，是因为买一只鸟比解释为什么拥有一只空鸟笼更加简便。其实，就算没有人问这件事情，或者根本无须解释，“鸟笼效应”也会在无形之中给人们造成一种心理上的压力，使人们主动去买一只与笼子相配套的鸟。在生活中，这种现象是非常常见的。假如能够很好地运用“鸟笼效应”，并且使之发挥强大的功效，我们就能够和平地解决很多问题。因为，每个人都不喜欢被人强硬地要求去做一些事情。但是，“鸟笼效应”的前提则与要求恰恰相反，它的前提是给予，通过给予的方式让对方就范。这样一来，对方非但不会产生排斥和抗拒的心理，还会心甘情愿地按照你没有说出口的“要求”去做，岂能不皆大欢喜呢？

边际效益：出现在对方最需要你的时候

丽华和张强是自由恋爱的。当初，丽华和张强刚刚认识的时候，张强几乎身无分文，连维持生活都成问题。不过，张强一表人才，而且为人踏实，所以，丽华的父母非常支持他们在一起，因此在经济上给了张强一些援助。

结婚刚刚两个多月，张强所在的公司有一个投资的项目，因为张强人品好，深得老板信任，为了挽留人才，老板允许张强投资15%的股份。这样一来，以后每个月除了工资收入之外，张强还能得到分红。因此，张强赶紧把这个消息告诉丽华。其实，钱并不多，只要两万元就足够了。不过，他们却既喜又忧。因为张强没有积蓄，而且丽华把婚前的工资都交给妈妈了，所以，他们俩婚后简直是一穷二白。再加上丽华怀孕辞职了，所以经济上更是捉襟见肘。琢磨了大半个晚上，丽华终于想出了一个好主意。

丽华和张强结婚的时候，没有要双方父母的一分钱。因此，婆婆曾经特意和丽华说过，以后要是想投资做生意什么的，他们一定会多多少少帮一些的。为此，丽华让张强和公公婆婆借一些，然后丽华再和父母借一些。其实，丽华知道自己的父母手中有几万块养老钱，但是毕竟她和张强刚刚结婚两个月，不想全都和自己的父母借，因此，丽华叮嘱张强，能借多少借多少，即使借五千来，自己也好和父母开口。谁知道，张强打电话和父母说了这件事情以后，父母却说手里没有钱，为此，张强的哥哥还打电话把张强数落了一顿。

其实，作为刚刚大学毕业、成家的小夫妻，张强和丽华的生活是非常艰难的。看到张强一分钱也没借来，丽华哭了一个晚上。丽华说："咱们是借又不是要，就算家里没有，帮咱们借几千也行啊。我怎么向我的父母开口呢？"第二天，丽华的妈妈看到丽华红肿的眼睛，赶紧问丽华怎么了，丽华把事情的原委告诉了妈妈，妈妈马上去银行取了两万块钱给他们。

因为这次投资，李强在一年之内分了几万块钱的分红，日子渐渐好过了。事后，张强一直很感激丈母娘，对老丈人和丈母娘更好了。

一年多之后，张强和丽华开着新买的车回老家看望公公婆婆，婆婆问他们是否还有投资的机会，说家里可以给他们借钱，但是丽华却摇了摇头。对他们来说，最困难的时候已经过去了，即使需要钱，也不会再开口向公婆借了。

也许，张强的父母的确有难言之隐，而且，子女也没有理由强求父母一定要帮助自己。不过，从这件事情中却反映出一种现实生活中非常常见的现象，即边际效益。所谓边际效益，其实是经济学中的一个概念。

交往线索

很多时候，一旦错过了对方最需要帮助的时间，即使你付出再多的代价帮助对方，对方也未必像最需要帮助的时候那样感动。由此可见，要在他人最需要帮助的时候出现。

总体而言，边际效益是指在一个市场中，经济实体为追求最大的利润，往往会多次扩大生产，因此，每一次投资所产生的效益都会与上一次投资产生的效益之间有一个差，边际效益指的就是这个差。

对丽华和张强而言，在最初投资的时候，是他们这个小家庭最困难、最需要帮助的时候，所以，谁帮助了他们，他们就一定会牢牢地记住谁，努力回报谁。但是，经过第一次投资，他们的经济情况已经有所好转，生活也由刚刚组建家庭时的慌乱走上了正轨，所以他们不再那么急迫地需要帮助了。在此过程中，别人的帮助对他们的作用是逐渐递减的。甚至到了一年以后回家的时候，婆婆主动要帮他们借钱，他们也婉言谢绝了。

由此可见，在生活和工作中，假如你想帮助一个人，就应该在他最需要的时候出现。这样一来，你的付出能够为对方创造最大的价值，也必然使对方更加牢记你的帮助。反之，假如你在对方最需要帮助的时候没有出现，那么，一旦对方渡过难关，即使你付出同样的代价帮助对方，对方的反应也不会那么强烈了，因为此时他并不迫切需要你的帮助，而且你的帮助也不会像他最需要的时候那样能为他创造最大的价值。

主动透露一点小秘密，更能赢得对方信任

下班了，同事们几乎都走了，办公室里只剩下雅娟和于慧。雅娟拿起电话给老公打过去："你下班了吗？什么时候回家？啊……但是……我都准备好了，买了好多你爱吃的菜……好吧……那就这样吧！"挂上电话，雅娟情不自禁地流下了眼泪。她的心里像办公室一样空空的，没着没落。雅娟和老公结婚八年了，今天是他们结婚八周年的纪念日。但是，老公不仅忘记了这个重要的日子，更让她生气的是还出去应酬，连晚饭都不回家吃。从七年之痒开始，雅娟已经记不清有多少个夜晚是自己一个人度过的。

这时，于慧走了过来，把手搭在雅娟的肩膀上，问她："怎么了？"雅娟默默地摇了摇头，平日里，她把工作和生活分得很清楚，虽然已经在公司工作六年了，但是雅娟从来没有向同事说过自己的私事，甚至，公司里没有任何一个同事知道雅娟的家住在哪里。雅娟勉强地牵动嘴角，对于慧笑了笑，说："大家都下班了，你怎么还不回家呢？"其实，于慧已经看到雅娟刚才流泪了，为了避免雅娟难堪，于慧故意等到雅娟把眼泪擦干之后才过来安慰她。想到这里，于慧皱了皱眉头，

说："回家？我老公每天都有忙不完的应酬，不是陪客户吃饭，就是陪客户桑拿。如果家里只有我一个人，那还能算是家吗？其实，我倒是觉得待在办公室里心里更加清净一些呢！"

听到于慧这么说，雅娟不由得放松了戒备心理，她暗暗想道："原来，男人都一样啊！于慧看上去那么开心，其实也有烦心事，也有难言之隐。"从此以后，不管有什么事情，她们都互相安慰和鼓励。显而易见，她们已经是知心朋友了。

在生活中，人人都有难言之隐，只不过有人说了，有人没说而已。其实，雅娟把工作和生活分得还是很清楚的，即使生活中有很多苦闷，在六年的时间里，她也从来没有向办公室的同事们诉过苦。不过，人还是需要发泄自己的情绪的，不然，就会郁郁寡欢、闷闷不乐。于慧显然是一个老大姐的角色，她很理解雅娟心里的苦楚，也愿意做雅娟的倾诉对象。显然，雅娟刚开始还是有排斥心理的，不过，于慧首先向雅娟吐露了自己的小秘密，即自己也有同样的苦恼。这样一来，雅娟就敞开了心扉，尽情地向于慧诉说了自己生活中的不如意之处。说完之后，雅娟无疑轻松了很多，在于慧的安慰下，她也想开了。经过这次心与心的交流，她们成了知心朋友，这无疑对她们排解情绪是有利的。

古人云："交浅而言深，既为君子所忌，亦为小人所薄。"无疑，在生活中，每个人都有属于自己的小秘密，无论对谁而言，秘密都是非常重要的。

交往线索

假如一个人想和另一个人建立亲密的关系，不妨首先敞开心扉和对方分享自己的秘密，这往往是最直接、最有效的方法。

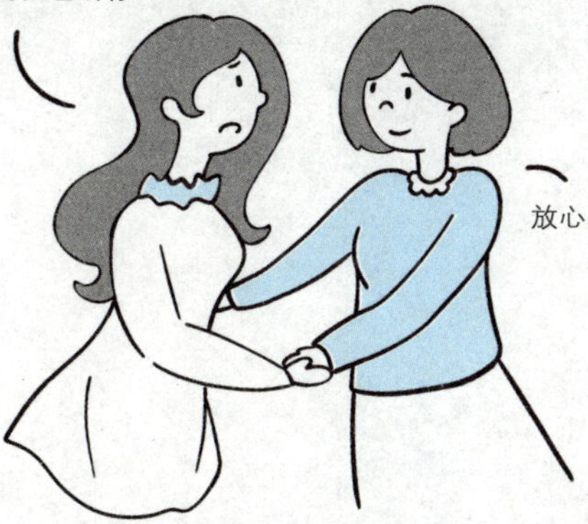

如果你确实迫切需要结交一个知心朋友，验证对方对你是否忠诚、是否真心，那么，你不妨和他分享一些自己的小秘密。如此一来，他就会认为你因为信任他才把自己的秘密告诉他，并且还会觉得你把他当自己人。接下来，你要认真地观察他的反应，假如他对你不是真心的，他就会把你的隐私肆无忌惮地传扬出去，或者不作任何回应，把你的隐私永远地封存起来。反之，假如他对你的确是真心的，他就会因此而对你感激涕零，更加忠心耿耿。这样一来，自然也就达到了结交知心朋友的目的。需要注意的是，为了避免四处传扬你的秘密，对你造成恶劣的影响，所以，当你为了结交知心朋友而与人分享自己的小秘密时，最好先分享一些不会对自己造成负面影响的、无关紧要的秘密。

反射法则：他人怎样对待你，取决于你怎样对待他

于忠梅是一个80后的单亲妈妈，独自抚养5岁的儿子阔阔。最近，于忠梅特别困惑，甚至还专门去看了心理医生。原来，阔阔以前特别听话，特别乖巧，但是最近却变得越来越叛逆，妈妈说东，他就朝西，妈妈说吃饭，他却偏偏要睡觉。

就像昨天在公园里发生的一件事情。前几天，阔阔和幼儿园的小朋友浩浩打架了，两个小家伙都记仇，所以他们整整两天谁也不理谁。

不过，阔阔最近忘记了这件事情。妈妈把他从幼儿园接出来之后，他就吵着要去公园玩。在距离公园还很远的时候，阔阔就兴奋地喊道："浩浩，浩浩！"原来，他看见浩浩在公园里玩呢，便兴奋地一边往公园跑一边喊。

谁知道，阔阔到了公园之后，浩浩却将头扭过去不理阔阔，嘴里还说着："你还打我呢，我不跟你玩！"经过浩浩这一提醒，阔阔也想起来，说："那你还吐我口水呢！是你先吐我口水，我才打你的！"

听到这里，浩浩不吱声了，不过，他还是不和阔阔玩。于忠梅想让阔阔去别的地方玩，但是阔阔却固执地挡着浩浩的小

汽车的路，怎么也不让开。

于忠梅一生气，就直接把阔阔拉回了家，还对着阔阔大喊大叫道："人家不跟你玩，你就找别人玩呗，为什么非要挡着别人的路，你是癞皮狗吗？"谁知道，阔阔居然也冲着于忠梅喊了起来："我才不是癞皮狗呢！又不是我的错，他为什么不跟我玩？"于忠梅气得扬手对着阔阔的屁股打了两巴掌，阔阔居然用头去撞于忠梅。就这样，母子俩两败俱伤，整整一个晚上谁也不理谁。

到了第二天早晨，看着孩子哭得又红又肿的眼睛，于忠梅不禁又气又急，她不知道她们母子之间到底是怎么了。最终，送孩子上幼儿园之后，于忠梅选择了看心理医生。

听了于忠梅的叙述，医生俨然已经知道了问题的症结所在。他问于忠梅："你和你丈夫离婚多久了？"于忠梅说："一年多了。"医生接着问："那么，离婚之后，你发现自己的情绪有什么变化吗？"于忠梅沉思片刻，告诉医生："我是因为老公出轨才选择离婚的。所以离婚之后，我的心情特别不好，动不动就爱发脾气，也总是对着阔阔大喊大叫，经常训斥他。有的时候，我一想到前夫出轨的事情就心理不平衡，再加上一个人带孩子很累，所以才会打孩子的屁股。"医生语重心长地对于忠梅说："孩子的成长过程不可逆转，你就是他的一面镜子，你怎么对他，他就怎么对你。"听了医生的话，于忠梅陷入了沉思……

交往线索

假如你不尊重别人，就没有权利要求别人尊重你；假如你不平等地对待别人，别人也会不平等地对待你；假如你对待别人不够真诚，别人也必将欺骗你。总而言之，你想让别人怎样对待你，你就要怎样对待别人。

显而易见，阔阔之所以由一个懂事的、听话的、乖巧的孩子变成了一个对着妈妈大喊大叫的、还用头顶撞妈妈的叛逆的孩子，就是因为受到了妈妈的影响。的确，我们可以体谅一个80后单亲妈妈的辛苦，她在老公出轨的情况下离婚，因此心理上难免会有些不平衡。不过，正如心理医生所说的，孩子的成长过程是不可逆转的，而家长则是孩子的一面镜子，如果不能起到很好的言传身教的作用，就会给孩子带来负面的影响。事实证明，正是因为于忠梅的心情越来越差，经常对着孩子大喊大叫，还时不时地打孩子，才导致孩子也冲着妈妈大喊大叫，还用头撞妈妈。长此以往，孩子必将越来越叛逆，越来越难以管教。因此，每一个做家长的都要反思自己，是否给孩子树立了一个好榜样，孩子的习惯是否与家长的影响有关系？试想，一个只有5岁的孩子都要求平等与尊重，否则就会叛逆，和家长对着干，更何况成人呢？毫无疑问，成人更需要彼此之间互相尊重，平等对待。

在生活中，人们常说，如果你想让别人怎样对待你，你就要怎样对待别人。其实，这个道理不仅适用于家长与孩子，也同样适用于成人社会。从某种意义上来说，这句话实际上是要求我们尊重别人，平等地对待别人。众所周知，尊重与平等是人与人之间交往的前提，假如没有这个前提，人与人之间就无法平等友好地相处下去。

同理心：以心换心，达成共识

最近，单蕾和老公闹别扭了。其实，细想起来，这并不是因为什么大不了的事情，但单蕾已经和老公“冷战”一个星期了。

事情的起因很简单，单蕾带孩子在公园玩的时候，孩子不小心摔破了脑袋，缝了好几针，流了很多血。其实，单蕾并不是没有看好孩子，只是孩子实在太淘气了，爬上爬下，上蹿下跳的，根本不愿意老老实实地待着。看到孩子流血了，单蕾的眼泪当时就流了下来，她非常心疼孩子。在邻居的帮助下，她赶紧打车带着孩子去医院，清理了伤口。幸运的是，医生说孩子年龄还比较小，愈合能力强，如果恢复得好，基本不会留下明显的疤痕。这样，单蕾才松了一口气。直到处理完伤口，安抚好孩子，单蕾才有时间打电话给老公。老公刚刚接通电话，单蕾就哭得泣不成声，其实，作为一个初为人母的“80后”妈妈，单蕾自己也吓坏了。想不到的是，老公一听说孩子的头磕破了，而且缝了针，劈头盖脸地就数落了单蕾一顿，说：“你是怎么带孩子的？你这么大个人了，怎么连个2岁的孩子都看不好？他爬高你为什么不看着他？你说你，我没有要求你去上班吧，你什么都不用干，也不用辛辛苦苦地挣钱，你所有的工作就是在家里专心致志地给我带好这个孩子，你为什么连这点事情都做不好呢？”听到老公这么说，单蕾突然爆发了，她怒气冲天地对老公嚷道：“是的，我不挣钱，我不上班，但是你知道带一个孩子有多么累吗？我不仅要带孩子，还要做家务，还要做饭给你们吃，我每天从睁开眼睛开始到闭上眼睛，没有一分钟是闲着的！”说完，单蕾就生气地挂断了电话。其实，她知道老公肯定会责怪自己，但是她没有想到老公居然一点儿都不认可她为这个家、为孩子所付出的辛苦和努力，听到她哭成那样了，非但没有安慰她，反而以她不上班、不挣钱为由责怪她没有看好孩子。其实，看一个孩子多么费心劳神，远远比上班累多了。从这通电话开始，她就再也没有搭理过她的老公。

第二天一大早，老公和孩子还没起床，单蕾就简单收拾好行李开始了一趟为期一周的短途旅行。虽然很惦记孩子，但是她始终没有打电话问过老公这一星期他们是怎么度过的。在旅行的最后一天，老公发短信向单蕾道歉：“对不起，老婆，我错了。在你不在家的这段日子里，我请假在家带宝宝，我现在已经知道你有多么辛苦了，我也知道你为这个家付出了多少。”看到这条信息，单蕾的眼泪夺眶而出。即使再辛苦，她也愿意承担，她只希望老公能够认可自己、体谅自己。单蕾赶回家，继续任劳任怨地照顾老公和孩子，而老公也有了很大的改变，他总是在工作之余尽量帮助单蕾分担一些家务。

交往线索

所谓同理心，就是指站在对方立场设身处地思考问题的一种方式。同理心也叫换位思考、移情、共情，即透过对自己的认识，来更好地认识他人。在生活中，如果能够处处以同理心待人，就能够使人与人之间的交往更加和谐融洽。

其实，单蕾之所以生气，并不是因为老公责怪自己没有看好孩子，而是因为老公在言谈之间流露出不认可单蕾为家庭、孩子所付出的一切努力。不管哪个父母，都非常爱自己的孩子，没有任何一个父母愿意自己的孩子受到伤害。因此，单蕾的老公最正确的做法应是在第一时间安慰单蕾，表示对她的体谅。其实，孩子受伤了，妈妈是最心疼的，而且，作为一个初为人母的80后妈妈，必然没有丰富的经验，因此，在面对这类突发事件的时候，也受到了很大的伤害。所以，老公的理解和体谅能够尽快地安抚单蕾，使她从惊吓中恢复过来，以后更加用心地照顾宝宝。这样一来，就不会有单蕾把孩子丢给老公一个人照顾而自己外出旅游的事情了。

其实，这就是我们平时所说的同理心。在人际交往的过程中，拥有同理心的人能够站在他人的立场上，深入体会他人的想法和情绪，理解他人的感受，设身处地地为他人着想，站在他人的角度思考和处理问题。对待一件已然发生的事情，有同理心的人能够换位思考，把自己当成别人，想象别人是出于怎样的心理才会做出这种举动，从而触发了整件事情。在此过程中，因为自己已经接纳了这种心理，因此也就在不知不自觉中接纳了别人的这种心理，所以更容易谅解别人的行为和处理事情的方式。古人云，“己所不欲，勿施于人”，说的其实也是这个道理。在处理事情的过程中，要能够反复地思考，认真从其他角度看待问题，即使自己的看法与别人不一致，也能够很好地理解和体谅别人。由此可见，要想与别人达成共识，就要培养自己的同理心。

第8章

提升气场，社交场合要有掌控全局的心理气势

我们总说是金子不管放到哪里都会发光。所以，很多时候，我们在人际交往当中，总是被动地等待着被别人发现，却不懂得及时地表现自己，提升自身的气场，进而对他人实现驾驭，因而失去了很多机遇。事实上，我们大可不必做那沉默的金子，应在适当的时候表现自己，提升自身的气场，把命运把握在自己的手里。那么，在交际当中，究竟如何表现才能营造强大的气场，赢得别人的关注和欣赏呢？如果你感到疑惑，那么这一章给出的建议和意见或许能帮到你。

社交有追求，不做无用社交

不管在生活中还是工作中，如果你有了清晰的目标，就有了方向，那么做起事情来就不会迟疑，而会尽全力把事情做好，你的气场也会随之强大起来；相反，如果你总是迷茫，总是不知道自己该做什么，做起事情来畏首畏尾，自然就没有办法把事情做好，慢慢地，你就会对自己失去信心。

那么，究竟该如何确定自己清晰的目标，并坚持下去呢？

1. 琢磨清楚，你究竟想要什么

很多时候，人在生活中并不知道自己想要什么。总觉得别人有的，自己也一定得有，可是别人之所以有，是因为对方确实需要，但是，你盲目地追求，却不知道自己是否需要。当你得到之后却发现自己并不需要，你会感觉到痛苦。所以，我们不能没有目标，也不能盲目地去追求目标，一定要想清楚自己要什么。只有你清楚自己想要什么，才能全力以赴去争取。

2. 目标要能通过努力达到

当你明白了自己的愿望无法实现的时候，自然就没有信心再去努力了。所以，目标一定要明确，而且这些目标是你通过努力能够实现的。

交往线索

有了目标，就有了坚持下去的理由，面对挫折和失败就不会随便放弃，就有勇气去面对困难，挑战自己。

3. 看清自己需要如何付出

有了目标之后，要看清楚，你如何通过努力去实现它，得到它。如果你不去思考这个问题，整天抱着一个目标生活，那么你一样不会感到快乐，甚至还会因为怀疑自己的能力而感到痛苦。当你真正地考虑如何实现目标的时候，就会看清楚自己的实力，就会知道究竟有多少路需要你走。只有这样，你才能全力以赴，你的气场才能随之强大。

4. 对失败和挫折有清晰的认识

任何人都不可能随随便便地成功。即使你为了实现你的目标付出了艰辛的努力，也不一定能成功。这一点，你一定要认识清楚。这样，你才会越挫越勇，你的气场才能随之增强。所以，在这个过程中，遭遇挫折和失败是再正常不过的事情。遭遇挫折之后，不要自怨自艾，而应该及时地发现自己的不足，从而投入更大的精力去努力。

大胆表达自己的看法，展现自信

很多时候，人与人之间的互相了解和认识，是从言语的沟通开始的。勇敢地表达自己，才能让别人了解你，认识你。事实上，你也能借着这个机会及时表现，给别人留下好印象，继而赢得他人对你的欣赏和倾心。

那么，究竟该如何勇敢地表达观点，赢得他人的青睐呢？

1. 要加强语言表达能力

一个语言表达能力弱的人，很难将自己想说的话表达清楚。你的情感、你的意愿表达不出来，别人就没法了解你，自然对你没有深刻印象。因此，要想勇敢地表达观点，首先要把语言表达清楚，这是前提。

2. 要加强逻辑思维能力

一个逻辑思维能力强的人，说出的话才能被别人信服，否则即使你说得天花乱坠，也征服不了别人，那么你说的话就是废话，没有任何意义，更别说让人刮目相看了。所以，在勇敢表达观点的同时，还需要加强逻辑思维能力，把话说得滴水不漏，这样才能赢得别人的欣赏。可见，要想勇敢地表达自己，让他人为你倾心，就要不断加强自己的逻辑思维能力。

交往线索

在适当的时候勇敢地表达自己的观点，可以赢得他人的好感，在一定程度上也能弥补其他方面的缺失。

3. 把话说到对方心坎儿上

如果你说的话不是对方渴望听到的，一般情况下就很难给对方留下印象，也不会对别人起到任何作用，因为不能说服对方。在勇敢表达自己观点的同时，也要考虑清楚，你的表达是不是别人想听的，你表达出来，别人能否接受；否则，你的卓越表现只会引起别人的反感。勇敢表达自己的同时，一定将话说到对方的心坎儿上。

4. 别害怕，勇敢地站出来

很多时候，我们的想法很独特，很新颖，但总是害怕说错，担心不被别人接受，因而总是沉默不语，不敢表达。事实上，你的不勇敢给你带来了很大的不利。因而，在表达自己观点的时候，不要考虑那么多，勇敢地站出来。即使你的表达不被人喜欢，对你也不会有多大的影响。如果能被别人接纳，那么赢得他人的欣赏就是水到渠成的事情。

处变不惊，要有扭转局势的心理气势

很多时候，人与人谈话的内容并不能代表对方的意志，尤其是在人际交往当中，双方谈话的态度和口气会形成相应的气场，如果你的气场能压过对方的气场，那么在交往中你就处于主导位置，对方只能顺从你。相反，如果你的气场不强烈，势必会被别人牵着鼻子走。

尽管有些时候，对方表现出强烈的主导权，但是并不代表他能主导你们之间的关系。适当的时候，表现得稳健一些，这往往会让对方不自信。要做到这点，就需要在事情发生之后，不慌乱，泰然处之，表现得淡然一些。这时候，你的气场自然就会强大起来。

战国时期的蔺相如，带着和氏璧去和秦王交换十五个城池，秦王把和氏璧捧在手里，压根儿不提交换的事情。

蔺相如知道，秦王并不是真心想要用城池来交换和氏璧，于是蔺相如撒了个谎，对秦王说和氏璧有瑕疵，秦王信以为真，就把和氏璧还到了蔺相如的手里。

蔺相如拿着和氏璧站到了柱子边上对秦王说：“大王想要用十五个城池来交换和氏璧，可是我把和氏璧交到了大王的手里，大王却始终没有提及城池。于是我断定大王并不是真心想交换。”

秦王一听急了，站起来说：“你说你这个人啊，着什么急呢，我这不是正在查看吗？”

蔺相如往后退了一步说：“大王不要轻举妄动，否则我的脑袋和这块和氏璧一起开花。”

秦王无奈地说：“你不要着急，咱们有话好好说。”

蔺相如哈哈大笑：“晚了，我不和你交换了，你不讲信用。”

秦王无奈，只好让蔺相如回去了。就这样，秦王的诡计没有得逞，蔺相如成功地将和氏璧带回了赵国。

由此可见，在人际交往当中，遇到事情千万不要惊慌失措，你越沉稳，就越能解决问题，气场也就越大。那么，如何做到遇事不慌，泰然处之呢？

1. 从容镇定，不要慌乱

在应酬交际的时候，谁也不会料到会发生突然情况，因此谁的心里都没有准备。这时候，双方的内心之中势必会很恐慌。人在这种状态下说话和做事是不理性的，也是不成熟的，一句话说不合适就会给对方造成伤害，从而给双方的关系蒙上阴影。因此，当事件突然发生之时，要从容镇定一些，不要慌乱。只有内心稳定，才会理性思考，才会知道该怎么办，这时候你的气场自然就强大了。

交往线索

蔺相如做了个假设，如果你逼我，我就把这个宝贝撞碎，我也死在这里，这就给秦王造成了一种压力。事实上，如果秦王来硬的，蔺相如也未必敢把和氏璧撞碎。当事情突然发生之时，蔺相如并没有惊慌失措，而是不慌不忙，泰然处之，从而让自己的气场无限放大。

2. 迅速寻找解决方法

出现突发情况后，除了要保持冷静之外，还要尽快地想办法解决突发情况带来的伤害。在这种情况下，知道了怎么办，内心的恐慌便会减少很多，同时，你也能迅速地找到解决的方法，从而能让对方感觉安定。所以，不要慌乱，更不要脑子里一片空白，要迅速冷静下来，解决问题才是关键。只要你解决了问题，在两人之间的交往中便占据了绝对的主导地位。

3. 不要抱怨和指责

一般情况下，突发事件发生后，人的反应是追究责任，在责任不明确的情况下，会互相指责，互相抱怨。这种指责和抱怨比突发情况带来的伤害更严重，因为它伤害了彼此之间的感情，给两人的接触和交往蒙上了阴影。因此，无论发生什么事情，永远不要抱怨别人，主动承担责任往往能显出你的大气。

4. 无论如何要彼此信任

两个人之间最忌讳互相猜疑，尤其是遭遇突如其来的变故时，猜疑将会使彼此之间失去信任，没有了信任，双方的关系也就到了最危险的时候。没有人喜欢和一个不信任自己的人交往。因此，当突发情况来临的时候，不管造成的伤害多么大，只要彼此信任，就能解决问题。同样，你的信任会换来别人内心深处对你的欣赏和喜欢。

5. 有问题不妨一起商量

很多人在出现问题后，往往习惯自己来解决。事实上，如果这时候你不和对方商量对策，那么无疑就会让别人觉得你并不信任他。既然双方在交往，在接触，那么说明双方是拴在一根绳子上的蚂蚱，互相是有关系的。既然如此，出现问题之后，不妨一起商量对策，说不定别人的主意能更好地解决问题呢！

话不在多，而要言简意赅

在生活中，你仔细观察就会发现，有的人说话言简意赅，句句都能说到点子上，能击中问题的要害，因而很快就能营造强大的气场，控制别人的思想。而有的人尽管表达了很多，但是让人听着云里雾里，根本没有涉及核心问题，从而被人轻视。事实上，不是他们的态度有差异，而是因为他们的表达能力不一样。

王大姐是一个热心肠的人，平时遇到邻居之间有矛盾就喜欢主动去化解纠纷，村里面因为她的存在而增添了不少和气，人们都说王大姐化解纠纷有妙招，据说法庭的调解员还曾向她讨教过高招。

有一次，邻居李大爷家的两个儿子因为分财产而闹得邻里不安，大家都束手无策，这时候王大姐站出来了，她首先不是去劝说，而是认真倾听各方的说辞，之后找准两兄弟争吵的核心问题：财产分配不均。

找准焦点问题后，王大姐开始说了："老大，你兄弟的身体经常有病，而且平时对父母也很孝顺，对你也很尊重，你可以适当让一步。"

老大不服气地说：“我的负担很重，我让一步，谁来让我？”

王大姐说：“是兄弟情分重要，还是财产重要？”

老大低头沉默了。

说完了老大，王大姐对老二说：“你大哥已经成家了，负担很重，平时对你也很照顾，你也要体谅你大哥。”

老二很委屈地说：“我的身体又不好，财产少了怎么生活？”

王大姐说：“财产再多也会有用完的一天，但是兄弟情分是用不完的，况且你的财产用完了之后你大哥也会照顾你的。”

老二也不再说什么了。

最后兄弟二人和和气气地把财产分配好了。

王大姐抓住两兄弟的争论焦点后，迅速各个击破，几句话的工夫就平息了一场争吵。

要想增强你的气场，就不要说废话，要学会言简意赅，一出口就能击中要害，从内心深处去震撼他人。那么，怎样才能做到一出口就能击中要害呢？

1.迅速找准中心

任何问题都有中心和重点，找到了这个中心和重点之后，说话的时候才能有的放矢，才能知道什么话该说，什么话不该说。

交往线索

王大姐之所以能够成为化解纠纷的“名人”，其中最重要的一点就是：她能够找准问题的核心，因而出口就能击中要害，并且通过简洁而不简单的语言把矛盾化为乌有。

迅速找准谈论的中心是言简意赅的前提和基础，否则，眉毛胡子一把抓，只能惹人厌烦。如何才能找到问题的中心和重点呢？可以通过由表入里的分析法、因果推断法等，比如案例中，王大姐通过兄弟二人的争吵内容，从果索因，得出了二人争吵的焦点是财产分配不均。

2. 快速组织语言

快速组织好语言，可以让你发言的时候有条不紊，别人一听就能明白你说话的逻辑结构，否则说话吞吞吐吐的，会让听众大皱眉头。因此，快速组织语言是良好表达的关键。如何才能快速组织语言呢？在宏观上，可以通过时间先后顺序法、前因后果法等方法给自己要说的大体内容排序；在微观上，可以通过提主干法，迅速组织好每一句话的主干，然后适当地添枝加叶即可。

3. 细心挑选要点

要想使说话不啰唆，其实只需挑重点说就行，其他次要的内容，要么不提，要么一言以蔽之，只有这样才能保证你的发言在最短的时间内收到最好的效果；否则，即使你滔滔不绝地谈论半天，听众也不知你发言的目的。案例中的王大姐找到兄弟情分比财产更重要这个要点，迅速地说服了老大。所以，细心挑选要点是一项重要的工作。

4. 持久加强练习

世上无难事，只怕有心人。任何能力都不是天生的，而是人们付出了辛苦的努力之后争取过来的。因此，要想让自己的表达能击中问题的要害，平日里就要多练习。具体来说，可以通过多参加辩论赛、讨论会以及演讲的方式来练习。

适度高调，展现你的自信

很多人喜欢做默默无闻的“金子”，等待着被别人发现和认可。事实上，这个世界上的“千里马”很多，懂得欣赏的“伯乐”却很少。要想被别人重视和认可，就要适当地高调一些，大胆地表现自己，对自己进行夸奖，往自己的脸上贴金子，让自己与众不同，这样才能让自己的气场更强。

那么，如何才能做到适度的高调，让自己与众不同呢？

1. 要自信一些，敢于对自己进行夸奖

如果你一味地谦虚，等着别人来发现你，那么你注定会失去很多机会，因为被人发现是需要一定的时间的。所以，抓住机会，及时地进行自我推荐显得尤为重要。对自己进行夸奖的时候，要有勇气，因为你是在为自己争取机会。如果你连站起来夸奖自己的勇气都没有，即使你能力再强，别人也不知道。

2. 要坦诚一些，自夸的话一定要属实

在向别人推荐自己时，自我夸奖是很有必要的。但是在夸奖的过程中，你所说的内容一定要属实，如果你用假话来欺骗和糊弄对方，对方一定能感觉出来，因为人在说谎的时候，表情和动作会出卖自己。

交往线索

不断地自夸，能让面试官了解你的实际能力，帮你最终在众多的面试者中脱颖而出。试想，如果你比较低调，不对自己进行夸奖，那么给面试官留下的印象便会很模糊，最终很有可能与职位无缘。由此可见，在适当的时候，要学会高调，学会自夸，往自己的脸上贴金，以增强别人对你的认可和欣赏。

试想，如果对方发现你在说谎，对你的印象能好吗？所以，要想别人对你有更好的印象，更加欣赏你，那么不妨坦诚一些。

3. 态度谦虚些，自夸时不要飞扬跋扈

有些人在夸奖自己的时候，一个劲儿地炫耀自己多么伟大，多么有本事，恃才傲物之情油然而生，这种说话的态度会使言语间流露出骄傲自满，甚至是飞扬跋扈的情绪。但是别忘了，你是为了给别人留下好印象，是为了让别人更加欣赏你才自我夸奖的，如果态度不谦虚，别人又怎么可能欣赏你呢？

4. 用语准确些，切忌表达得天马行空

即使是对自己的实际情况的自夸，说话时，用语也要准确，切忌让自己的表达天马行空，诚然，你是为了给别人留下好印象，是为了让别人更加欣赏你，但是你夸大了你所取得的成就，就会让别人感觉不真实，进而对你产生怀疑。尽管你没有说谎，但是别人会对你产生不信任的情绪，这跟你说谎的效果是一样的。

表现你的能力，让他人看到与你结交的价值

在生活中，大多数人都谦虚内敛，在关键时刻不敢表现自己的才华，从而错过了大好的机会。等与贵人擦肩而过之后，又一个劲儿地责怪自己。做人谦虚一点，这本没有错，但是过度谦虚往往会让别人认为你无能。对于一个没有能力的人，大家自然不会喜欢你、欣赏你。

所以，在关键时刻，不要假惺惺地谦虚礼让，而应主动地展现自己的才华，吸引别人发现你、认可你，这对你的人际交往有很大的帮助。事实上，人们总是喜欢结交自己欣赏和佩服的人，如果你庸庸碌碌，又怎么能引起别人的注意呢？相反，如果你主动地推销自己，成功的概率往往会提高很多。

战国时期，秦军包围了赵国的都城邯郸。赵国国内一片慌乱。赵王急忙派平原君去楚国搬救兵。平原君把自己的门客召集起来，想要从中挑选20个文武兼备的人才。他挑了又挑，选了又选，只选了19个，最后一个怎么也选不出来。

这时候，一个叫毛遂的人站了出来，说："我知道先生现在还缺一个得力的助手，希望先生能带着我一起去。"

平原君望了望毛遂，说："你到我门下几年了？"

毛遂回答说："到现在为止，足足有三年了。"

平原君笑了笑说："我听说有本事有能力的人，就好像放在布袋子里的锥子，其锋芒会露出来的。但是你来到我这里整整三年了，没有听你的同僚夸过你，你也没有得到过我的表扬，我想主要还是先生没什么本事吧。这次前往楚国的人，是要有真本事的。所以，你还是不要去了。"

毛遂镇静地说："要是我早在布袋子里的话，我的锋芒早就露出来了，甚至会穿破布袋子，全部露出来。我之所以一直默默无闻，只是因为我缺少一个机会，今天有这个机会，希望先生能让我陪同你去。"

平原君想了想，同意了毛遂的请求，让他和另外19个人一起随着自己前往楚国。

到了楚国之后，任凭平原君一行说得口干舌燥，楚王就是不表态，关键时刻，毛遂站了出来，以三寸不烂之舌，说得楚王和楚国的谋士们个个点头称是。

很快，楚国联合别的国家一起来围攻秦军，秦军只好撤退了。

展现你的才华，才能更容易吸引对方，当别人对你产生浓厚兴趣的时候，你的气场也会得到最大限度的呈现。可以这么说，你的起伏成落，往往就在一瞬间，这时候，如果你唯唯诺诺，不敢表现，那么你在交往中便会处于绝对的劣势地位，只能被别人牵着鼻子走。

交往线索

毛遂在关键时刻，勇敢地站出来，为自己争取了机会。如果这时候他谦虚一下，或者是自卑一下，这个机会很快就被别人抢走了。那么，故事或许是另外一个结局。事实上，在你的周围，能力和你相当，甚至超过你的人大有人在。如果你抓住了机会，及时地展现了你的才华和能力，赢得了别人的喜欢，或许就为自己赢得了一个机会。

当然，要想展现自己，也得有才华和能力才行。如果你没有多大的本事，没有多大的能耐，却一个劲儿地卖弄，那就无异于小丑一般，让人取笑。除此之外，展现才华和能力时还要看场合和时机。在最适合的时间和地点，适当地展现自己，才能更好地引起别人的注意，吸引别人的兴趣。

所以，不要有什么顾虑，要大胆地展现自己的才华，千万不可一味听从长辈们所说的要谦虚，要礼让。当然并不是说不要谦虚，而是说在关键时刻，一定要敢于展现你的才华和能力，从而让别人打心眼儿里喜欢你、欣赏你。事实上，这时候你已经在彼此之间的交往中占据了绝对的主动地位。

第9章

非语言沟通，妙用心理暗示达成你的交际目的

在人与人的交往当中，适当的肢体语言的表达，甚至比语言表达更准确。因为人的语言或许会有假，但是人的身体是不会说谎的。所以，在人际交往中，身体语言更能传达真实的内心情感。一个善意的微笑，一个亲切的眼神，讲话时的语气语调、举止态度乃至服饰，都能准确地反映人物内心的真实情感。因此，在交流中可以适当地运用身体去表达你的意愿，影响别人，给别人留下好印象，从而在交往中占据主动地位。

善用眼神，用眼神传达你的思想

眼睛是心灵的窗户，彼此的眼神交流是真正沟通的基础。对方在想什么，可以通过他的眼睛看得清清楚楚。事实上，一个人的眼睛所传递的信息是最准确的，同时也是最有价值的。这也就是为什么人与人在交流的时候，需要眼神的接触。

那么，究竟如何用一个眼神来获得对方的好感呢？

1. 寻找对方的眼神所在

要想让对方捕捉到你的眼神，给别人留下好感，首先你得让对方发现你。那么，你就要寻找对方的眼神所在，然后跟对方有个眼神的碰撞。因此，在人际交往当中，如果对方没有刻意地寻找眼神，寻找支持，那么你就要多关注对方的眼神所在，为和对方的眼神碰撞创造机会。当然不能直勾勾地盯着对方的眼睛看，这样很不礼貌，也会让对方不舒服。

2. 眼神碰撞时点头肯定

你和对方的眼神碰撞了，只能说明你对他所说的话感兴趣，并不能说明你一定肯定他、认可他。所以，要想让对方对你产生好感并记住你，光和对方进行眼神碰撞是不够的，还要及时地点点头，把你的肯定和认可传达出来。

交往线索

在和陌生人的接触中，要想获得对方的信任，在关键时刻一定要给对方一个关注的眼神，从而赢得对方的好感。

3. 眼神中流露出一些希望

眼神能传情达意，但是，有的人的眼神看上去没有任何情绪和心思，完全是无意中碰到了。这样的眼神，在生活中不知道要碰到多少，所以，别人自然也不会注意到你，更不会对你产生好感。因此，在用眼神捕捉对方的心时，不妨在眼神中融入一些希望的情感，让对方感受到你真的对他很感兴趣。

4. 眼睛睁大眉毛轻上扬

当一个人看到自己感兴趣的东西时，眼睛会睁大，眉毛会轻轻地上扬。在给予对方一个眼神的时候，也要睁大眼睛，眉毛轻轻上扬，让对方感受到你对他很感兴趣，对他说的话或者做的事很感兴趣。这在一定程度上弥补了眼神的单调，会让别人更容易对你产生好感，继而记住你。

笑容是你在社交场合的第一张名片

在生活中，很多时候，我们接触的都是陌生人，因为陌生，所以戒备心理很强。在你无法确定对方对你是否友善之前，总是小心谨慎，这种谨慎表现出来就是冷漠。当你冷漠地面对你身边的陌生人时，你得到的同样是冷漠。

相反，只要你微微一笑，那么彼此之间的感觉立刻就会发生变化。你的微笑传达了你的友善，别人会认为你想要积极地打破这种冷漠，会觉得你内心很阳光，见到自己很开心。这样，别人也会给你微笑，并因此而刻意留意你。这样，你就在无形之中俘获了对方的心。笑容的功效令你意想不到。

当然，在微笑的过程中，以下几点是需要我们注意的。

1. 真心微笑，避免生硬做作

如果你是个与人为善的人，在日常生活中已经习惯了对人微笑，那么，你的微笑就是自然的、真心的。如果你为了达到某种目的而假装微笑，那么，你不要天真地以为你的微笑也会收到效果，因为对方不是傻子，他能发觉你的笑容是假装的，此时，他还会真心接纳你吗？

交往线索

由此可见，微笑的力量是不可估量的，尤其是在与陌生人的交往中，只要你放弃冷漠，学会微笑，你的朋友便会越来越多。

2. 注意目光的辅助作用

你传达的笑容是有对象的，因此，你不要以为，只要你微笑，对方就能感受到。因为虽然人的表情可以伪装，但人的眼神不可以，你连看都不看对方一眼，怎么能让对方感受到你的真诚呢？因此，微笑时，千万要记住与对方进行眼神碰撞，这样才能让人接受你的友善。

3. 微笑的时候，要不断地点头

点头表明你正在倾听对方、肯定对方，在微笑时配以点头的动作，就是一种真诚友善的传达。

4. 面对陌生人，笑也有度

在生活中，面对熟人，我们可能会肆无忌惮地笑，这是一种放松自己、给他人带来快乐的方式，而面对陌生人，我们笑的尺度不能过大，否则，会让别人觉得你不懂礼貌，不尊重他。因为初次见面，彼此之间的微笑传达的是友善，如果笑容尺度过大，那么很显然是不合适的。

用手势辅助交流，强化表达效果

人与人之间的交流除了口头语言外，肢体动作也一样可以传情达意。甚至有些时候，肢体语言传递的情感和信息是口头语言无法企及的。比如，拥抱给人温暖，拍拍肩膀给人安慰等。肢体语言在一定程度上能迅速地跨越心灵的鸿沟。

尤其是与陌生人进行沟通和交流时，双方因为不熟悉，所以戒备心理很强，你在举手投足间往往能给别人传递不同的信息。事实上，别人也正是从你的肢体语言来判断你是友善的，还是敌对的。尤其是一些手势，能把人们内心的爱恨情仇表达得淋漓尽致。

那么，在人际交往当中，如何用手势来表达自己，以达到无声胜有声的效果呢？

1. 双手摊开，表达你的诚实可靠

我们发现，那些准备向他人敞开心扉的人，都有个标志性动作，那就是将双手摊开，这一举止往往是无意识的，它随着一个人的内心真实想法而无意识地出现。因此，我们在与人交往的过程中要有意识地将自己的双手摊开，以表示自己的真诚，否则，藏起你的双手，则表明你在撒谎。

交往线索

在与人接触的时候，如果注意用手势来传达友善和包容，那么尽管你言语上并没有说什么，但是别人却能感觉到这份真诚。相反，如果你不注意这些细节，就可能因为自己的一些错误手势，拒别人于千里之外。由此可见，在人际交往当中，手势起着意想不到的效果和作用，完全可以弥补口头语言的不足，甚至可以代替口头语言来传情达意。

2. 十指尖相触呈尖塔状以表达自信

我们发现，那些在交谈时表现得落落大方的人，喜欢摆这种姿态，这是一种自信的表现，更是一种心理暗示：我很优秀。很明显，人们都喜欢与自信的人交往，因此，在与人相处当中，要想让自己更加自信，或者是想要赢得别人的信任时，不妨将十指尖相触呈尖塔状。

3. 竖起大拇指来表达赞美和欣赏

通常，我们由衷地欣赏和佩服一个人的时候，往往会开口赞美对方，同时还会竖起大拇指。因此，竖起大拇指表达的意思是“你真棒！”“你真了不起。”在与人交谈的时候，时不时地竖起大拇指来表达你的钦佩之情，通常会让对方惊喜不已。你的一个竖起大拇指的动作往往要比口头的赞美更有效果。

4. 双手十指不要轻易互相交叉

有些人觉得在说话的时候两只手没处可放，于是不经意间相互交叉起来。殊不知，双手交叉意味着你身体前构筑了一道防御线，事实上表达的是想要隐藏自己的意思，别人会觉得你说的话是假的，因而对你产生怀疑。可见，在与人交谈的时候，双手十指不要轻易互相交叉，以免被别人误解。

站对姿势，展现你的强大气场

如果你足够仔细的话，就会发现，生活中的很多人，在和他们相处的时候，你往往会不知不觉地顺从对方，事实上，这是因为他们有很强的气场，能很好地控制别人的心理。除了语言表达之外，肢体语言在一定程度上也能增强气场。尤其是双腿，它们能展现你的不可逾越的权威，暗示对方顺从你，这种影响往往能让你在人际交往中占尽先机。

权威感意味着别人将向你看齐，受你的支配，被你主导；意味着你的价值观和决定将被别人所接受，别人会被你驾驭和驱使，这在人际交往当中起着很重要的作用。是否能获得权威感直接决定着人际关系的成败，尤其在与陌生人交往时更为重要。

那么，如何通过腿的姿势来体现你的权威感呢？

1. 站立时两腿呈“八字”形

有的人站立的时候两脚并拢，而有的人站立的时候两脚分开。两脚并拢表现出你很精神，但是也循规蹈矩，没什么魄力。如果你两脚分开而立，则让人感觉你有胆量，能控制局势。而且，在与人相处的过程中，两腿分开，呈“八字”形，会让人感觉你很自信，能在短时间内体现出你的权威感。

交往线索

腿的姿势不同，在别人的面前展现的心理也是完全不一样的。比如，二郎腿就能表现出自信和权威。

2. 跷二郎腿

往往很多男人入座之后，总喜欢跷二郎腿。事实上，这并不是习惯，而是男人为了在气势上占先机而故意摆的姿势。跷二郎腿能展现出自信和高傲，以及对他人的不屑一顾等，因而也很好地展现了权威感，从而暗示别人顺从你。要想展现你的权威感，不妨在入座的时候大方地跷二郎腿。

3. 骑跨在椅子扶手上

很多人在与人交流的时候，非常热情，但是坐下之后，他们会逐渐将一条腿骑跨在椅子的扶手上，这在无形之中展现了自己的权威感，从而对对方形成了控制之势。事实上，把一条腿骑在椅子的扶手上，只是想借椅子来增加自己的支配和控制的欲望，同时还借椅子背来保护自己，可以说是能攻能守。因而，要想在别人面前展现你的权威感，不妨在入座的时候将一条腿骑跨在椅子的扶手上。

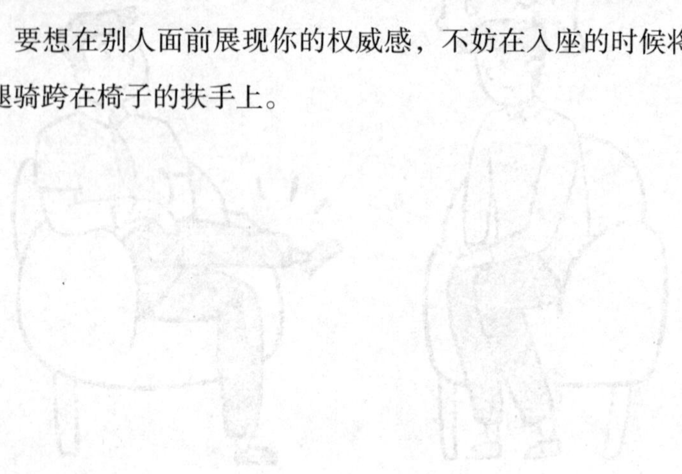

运用手臂动作，表现出你的自信

在人与人的交往当中，适当的肢体语言能辅助语言的表达，因为人的语言或许会有假，但是人的身体是不会说谎的。所以，在人际交往中，身体语言能传达出真实的内心情感。尤其是手臂的一些动作能让表达更加明确，更加自信，甚至比语言表达得更准确。所以，一定要多注意手势的表达，让你的表达因为有了手臂的动作而更加完美，从而给别人留下更好的印象，使别人更加喜欢你、欣赏你。

要想让别人喜欢你，就要让你手臂的动作表现出你的主导和自信。那么，究竟如何才能做到这一点呢？

1. 伸开双臂来表达你的自信和开放

通常情况下，一个人在表达自己的时候，往往会伸开双臂，双手手心向上，这样会让别人相信他能够很真诚地接受别人的批评，也能够包容别人的不同意见和观点；当然，也在一定程度上表达了自信和开放。因此，在表达的时候，不妨伸开双臂，伸开双手并且手心向上，把你的自信和开放展现在别人面前，这样才能赢得别人的欣赏和喜欢。

交往线索

手臂的动作不同，表达的意思也会完全不一样。

2. 双手相扣放在身前表示坦诚认真

当一个人态度认真并且很坦诚地倾听别人的意见时，往往会将双手相扣放在身体的前面。因此，在倾听的时候不妨把你的双手相扣放在身体前，这样，可以让别人看到你的坦诚和认真，从而展现你的自信和主导，这样才能赢得别人的欣赏和认可，在双方交往的过程中占尽先机。

3. 右手握拳举高表达做事情的决心

在影视作品中，我们常常看到很多人为了表达自己强烈的做某件事情的决心，往往高举右臂，紧握右拳。可见，当一个人高举手臂、紧握右拳的时候，往往表达出强烈的愿望。因此，在与人相处的时候，不妨用这种方式来表达你的决心，让你的强烈自信影响每一个人，从而给别人留下好印象。

4. 高举并摇动右臂表达问好和打招呼

很多影视明星和粉丝见面的时候，总是举起右臂向别人打招呼。可见，举起右臂并不断摇动有向别人打招呼和问好的意思。事实上，这在一定程度上也表现出了自信和主导。因此，我们在与人相处的时候，要利用好高举右臂这个动作，把你的问好之意传达出去，从而赢得别人的好感。

适时点头，鼓励对方多说

通常情况下，点头表示的是同意。在倾听别人的时候，点头自然是给予对方肯定和认可，是在向别人传达这样一个意思：你说得很对，我很同意你的说法，我很欣赏你，请继续。这就在无形之中告诉表达之人，他所说的话是有价值的，这样可以激发对方的表达欲，同时也能增强对方的信心。

每个人在内心都渴望得到别人的认可和肯定，因为这样才能证明自己是有价值的，自己并不孤独。在与人沟通的时候，尤其在倾听时，要时不时地点点头，及时地和对方进行互动，把你的鼓励和肯定传达给对方，从而赢得对方的好感，为彼此的交往奠定基础。

那么，究竟如何点头才能让对方更愿意表达呢?

1. 点头时要跟对方进行目光交流

一般情况下，彼此之间在进行交流的时候，目光要互相接触，这样才能让彼此判断，对方是否在真心和自己交谈。因此，在点头表达认可的时候，也要和对方进行目光碰触，告诉对方，你在很认真地听他讲话。当然，要注意一点，目光碰触并不是让你盯着对方看；否则，别人会觉得你在质疑他。

交往线索

倾听他人讲话的时候，要不时地点头，给予别人认可和肯定，让对方觉得你喜欢听他说话，进而愿意多说。事实上，这样更能赢得他人的好感。

2. 在别人表达完整后再点头肯定

当别人在表达的时候，要适当地点头以表示认可，在这个过程中，一定要把握好时间。一般情况下，当对方的表达完整时，或者是表达了主观的态度和情感时，要及时地点头给予认可。在别人表达的过程当中，千万不要随便点头，以免给别人留下不尊重他人的感觉。同时，如果对方没有表达情感和态度，那么一般不宜点头。

3. 点头的频率要把握得恰到好处

通常，我们在点头表达肯定的时候，频率是一下，或者是两下，最多三下。这根据对方表达的情感程度以及倾听者的认可程度不同而不尽相同。表达者的情感越激烈，说明越渴望得到认可和肯定，相应地，点头的频率就要多一些，相反则少一些。同样，认可的程度大，点头的频率也要多，相反，要少一些。切忌不停地点头。

4. 点头的同时适当说些认同的话

在用点头来表达对他人的认可和肯定的时候，要适当地说一些认同的话，以辅助点头来表达对他人的认可和肯定。比如，“还真是这样的！”“真不错！”等。这样会让你的认可更为对方所喜欢；同时，对方也会更加喜欢你。当然，这些认同的话不宜太长，否则就把对方的谈话权剥夺了。

第10章

处变不惊，懂点心理策略助你巧妙化解社交难题

常言道：“穷则变，变则通。”在生活中，有的人一辈子都碌碌无为，有的人却能够左右逢源、游刃有余，这是为什么呢？原因就在于“变通”，善于变通的人，即便是遭遇棘手之事，他们也能从容不迫地处理。

多一手准备，多一份社交成功的可能

在生活中，处世一定要“圆”。“圆”是指能伸能屈巧变通，尤其是遇到棘手之事，不要慌乱，而要以圆融为主。一个人若是太规矩，太方正，有棱有角，难免会撞得头破血流；而那些懂得变通的人，定是八面玲珑，这样一来，无论是做人还是做事都会事半功倍。

当然，我们主张做人不应该过于圆滑，而应该保持方外有圆，圆中有方，外圆内方。只要保持这样的规律，自己就会成为一个灵敏通融的人，从而在处理各种事情的时候，灵活应变，能伸能屈，适时改变策略。

在生活中，若是遇到了棘手之事，需记住：万事急不得。越着急，就越有可能办砸事情。而且，如果你只想用一种方法来解决棘手之事，那成功的概率是很小的。毕竟，棘手的事情所考验的是一个人的随机应变能力，如果你总是保持原有的方法，不着眼事情的变化，那极有可能会使事情朝着相反的方向发展。

接下来，我们来看一个例子。

交往线索

人的一生不可能一直都一帆风顺，道路是曲折坎坷的，在前进的道路上有困难，也有挫折，这时就需要我们用各种方法克服它们，这样它们才不会成为自己成功的绊脚石。在这个过程中，我们要多运用“灵活变通”的智慧，做到遇事不慌张。

王先生是一家公司的经理，下班后经常做一些投资活动。前不久，他以极低的价格购买了位于郊区的不毛之地，家人、朋友纷纷指责他：“这地连草都不长，你买来有什么用？还花了那么多钱。”王先生本来打算根据现有的城市规划去出售这块地，没想到，城市规划有变，那块地看来真的成了无用之地。当时，王先生可是拿出了大部分积蓄，如今可谓是血本无归了。事情变得十分棘手，但王先生并不慌乱，而是沉着冷静地应对。

突然有一天，王先生灵机一动，他找到当地政府部门，说："我有一块儿地皮，我愿意无偿捐献给政府，但是我是一个教育救国论者，因此，这块儿地只能建一所大学。"政府如获至宝，当即就同意了这一要求。

于是，王先生将三分之二的地捐给了政府。不久，一所大学矗立在那里。然后他在剩下的三分之一的地上修建了学生公寓、餐厅、商场、酒吧、电影院等，形成了商业一条街。没过多久，王先生买地皮亏损的钱也赚回来了。

王先生是一个懂得随机应变的人，因此，他的投资活动得到了很好的回报。本来，他打算根据城市规划去开发那块儿地，没想到，城市规划有了变化，那块儿地几乎不值钱了。之前所设想的计划出现了变化，投资这件事变得异常困难，不过，王先生并没有泄气，也没有着急慌张，而是适时应变，使得一件坏事变成了好事。因此，当我们面对棘手之事时，不要着急，需适时应变，灵巧变通。

帮他人打圆场，能令你收获人情

在生活中，凡事都不能碰运气，而应该想好了再动手，这就是所谓的未雨绸缪，也就是做事之前先想好多条出路。诸如做生意，每一次运作都会有一定的风险，大胆投资一桩生意，最终所带来的是血本无归还是丰厚的利润呢？当结果还没出来的时候，我们是难以预料的。不过，当我们在做投资或运作的时候，如果能够事先做好周密的策划，分清具体的形势，预料到会出现的问题，并适时想好应对的策略，那么就不会出现太大的问题。

一个善于未雨绸缪的人，无论是做大事还是做小事，都会周密思考，为此做好充分的准备。在生活中，我们更需要多花一些时间来完善硬件设施，这样在后面的日子里，事情才会发展顺利。如果在做一件事情之前，我们就已经想好了部署，想到了如何应对那些预料中的情况，那么等真正去做的时候，胜算就会大很多。

一只野狼卧在草地上勤奋地磨牙，狐狸看到了，就对它说：“天气这么好，大家都在休息娱乐，你也加入我们的队伍吧！”

野狼没有说话，继续磨牙，把它的牙齿磨得又尖又利。

交往线索

只有做足了准备，再去迎接挑战，我们才会有更大的胜算。即便事情有了突然的变化，我们也不至于手忙脚乱，而是从容不迫地根据事情变化的形势而变化，这就是变通的智慧。平日若是不做丝毫的准备，想要临时抱佛脚，那是根本行不通的。

狐狸奇怪地问道："现在森林这么安静，猎人和猎狗都已经回家了，老虎也不在近处徘徊，又没有任何危险，你何必那么用劲儿地磨牙呢？"

野狼停下来回答说："我磨牙并不是为了娱乐，你想想，如果有一天我被猎人或者老虎追逐，那么到那时，我想磨牙也来不及了，而如果平时我就把牙磨好，那么到那时就可以保护自己了。"

在生活中，我们要想做好一件事情，就必须事先分析情势，学会未雨绸缪。一个人要想有所建树，就必须时刻胆大心细，在做任何一件事情之前都必须提醒自己，要三思而后行，想好了再动手。

其实，为人处世的心机之一就是未雨绸缪，居安思危，防患于未然。在生活中，很多人总是抱怨自己没有机会，实际上，这是因为他们没有做好迎接机会的准备，因为机会总是降临在那些有准备的人身上的。

遭遇恶意挑衅，微笑回击

在生活中，某些时候，我们身边的朋友或同事会陷入尴尬或难堪的局面，这时我们需要巧妙地打圆场，帮助对方脱离险境。所谓的“打圆场”，也就是从善意的角度出发，以特定的话语去缓和紧张气氛、调节人际关系。有时候，人们常常因固执己见而彼此争论不休，因为一句不适当的话而冷场，或者因为突发状况而形成难堪情境，等等。各种原因都可能会造成僵持的局面，难以缓和的气氛也将横亘在交流双方之间，整个场面就如同冰山一般冷掉了。这时局外人就需要出来打圆场，适时地说几句话来打破僵局，化解尴尬的气氛，使交流得以正常地进行下去。

实际上，这些尴尬的场景常常会在意料之外出现，这会让当事人遭遇尴尬或不快，甚至引发不必要的麻烦，轻则令人烦恼，重则彼此在心里结下疙瘩。这时我们若是利用突发事件与语言之间的玄妙之处进行机智的解答，那么就会使当事人转忧为喜，也会使整个紧张气氛得以缓解。

有个理发师傅带了个徒弟。徒弟学艺3个月后正式上岗。他给第一位顾客理完发，顾客照照镜子说：“头发留得太长。”

徒弟不语。

师傅在一旁笑着解释："头发长使您显得含蓄，这叫藏而不露，很符合您的身份。"顾客听罢，高兴而去。

徒弟给第二位顾客理完发，顾客照照镜子说："头发留得太短。"徒弟不语。

师傅笑着解释："头发短使您显得精神、朴实、厚道，让人感到亲切。"顾客听了，欣喜而去。

在一些场合，有可能一个敏感的问题就会让整个场面僵住，甚至妨碍正常交际的进行，这时候，我们就可以通过幽默解说将问题诙谐化，从而打破僵局，让交际顺利进行；有时候，朋友或同事可能在某些特定场合做出了不合时宜、不合情理的举动，这让旁人看起来很费解，从而导致整个局面的僵持，这时我们需要找一个角度或借口，强调对方行为的合理性，这样就能灵活打好圆场，缓解气氛。

交往线索

案例中，这位师傅可谓是能说会道，他机智灵活，巧妙地为徒弟“打圆场”，每次巧妙的变通，都能使徒弟摆脱尴尬的场合，同时也能让顾客转怨为喜，高兴而去。这个案例给了我们一个重要的启示：打圆场一定要善用吉言。“爱听吉言”几乎是人们共有的一种心理，在尴尬的场合，说上几句美好的话语，会令所有人都心花怒放，最终冰释前嫌。

淡然一点，从容面对他人挑衅

为人处世，我们需要学习的首要秘诀就是淡然。我们应该清楚，活在这个世界上，主要目标是为了实现自己的价值，更是为了心中坚定的信念。心中的信念以及目标都将决定着我们旗帜鲜明地独特地活着，这时难免会遭遇别人的挑衅。实际上，生活中每个人的思维和行为方式都是不一样的，总会有一些人对我们的言行不屑一顾，这很正常，我们不应该为此生气，更不应该对其进行反击。如果我们做出反击的行为，就表示我们跟对方一样都有着无比狭窄的心胸。所以，不妨学会淡然一点，从容地面对他人的挑衅，因为在这个世界上，任何人都不可能赢得所有人的心，无论我们怎么努力，都不可能让所有人成为我们的朋友。对于我们的言行或成绩，总有一些人心怀嫉妒、不怀好意地看着我们，好像等着看我们出丑。在这种情况下，我们的心境越发需要变得淡然，既然他并不是我们的知己朋友，那他的挑衅对我们而言将是毫无意义的。

林肯当选总统的那一刻，很多参议员都感到十分尴尬，因为当时美国的参议员大部分都出身望族，从没想过所面对的总统竟然是一个出身卑微的人，因为林肯的父亲是一个鞋匠。

当林肯站在讲台上的时候，一位态度傲慢的参议员站起来说："林肯先生，在你开始演讲之前，我希望你记住，你是一个鞋匠的儿子。"顿时，所有的参议员都笑了起来。这时，林肯不卑不亢地说："我非常感激你能使我想起我的父亲，他已经过世了，我一定会永远记住你的忠告，我永远是鞋匠的儿子。我知道我做总统永远无法像我父亲做鞋匠做得那么好。"所有的参议员陷入了沉默，这时，林肯对那位傲慢的参议员说："据我所知，我父亲以前也曾为你的家人做鞋子，如果你的鞋子不合脚，我可以帮你修改它，虽然我不是伟大的鞋匠，但是我从小就跟父亲学会了做鞋这门手艺。"

然后，他再一次扫视全场的参议员，说道："对参议院里的任何人都一样，如果你们穿的那双鞋子是我父亲做的，而它们需要修理的话，我一定尽可能帮忙。但是有一件事是可以确定的，我无法像他那样伟大，他的手艺是无人能比的。"说到这里，他流下了眼泪，顿时，全场爆发出热烈的掌声。

对于参议员的挑衅，林肯选择了淡然待之，他只是道出了父亲的伟大，正是这一点，打动了在场的所有议员。来自别人的挑衅，并不意味着自己的价值毫不存在。别人看轻了自己，没有关系，只要自己看重自己就行了。如果别人肆意侮辱，而那些侮辱的言辞是毫无根据的，不要生气，你只需要对其采取置之不理的态度，淡然面对，这样才会越发体现出你超凡的人格魅力。

交往线索

面对别人的肆意攻击，我们回应的方式并不只有“反击”这一种。我们应该学会变通，淡然处之，这才是处世的大智慧。

在生活中，我们难免会遭遇他人的挑衅，难听的话语、尖酸刻薄的语调，似乎都能点燃我们心中的怒火。但你若是转念一想，又何必生气呢？人生在世，更需要懂得变通，那些擅长攻击别人、挑衅别人的人，自然是心胸狭窄的小人，又何必跟这样的人一般见识呢？不妨淡然面对，对他人的挑衅一笑置之，这才是最好的反击，因为你已经不在乎了，那对方的挑衅还有什么攻击力呢？

被人质疑，适时作出解释

通常情况下，人们强烈的自尊心决定着其绝不容忍遭受别人的质疑。可当我们真的遭受别人的质疑时，该怎么办呢？或许会感觉受到了伤害，或许会陷入矛盾，到底自己的言行是对还是错呢？其实，产生这些心理都是很正常的，但我们最应该采取的方式是抓住合适的时机作出解释。对于一件事情，不是所有人说的都是对的，面对那些不同的看法，我们需要有分辨的智慧，有的质疑是一种考验，有的质疑是一种善意的提醒，而有的质疑则是不怀好意的。听到这些质疑的声音后，我们可能会不以为然，因为有些事情不需要争辩，也不需要别人的认同。这个世界的道路太多，我们有自己的方向，他人也有他人的方向，时间匆匆逝去，岁月会证明你是对的还是他是对的。

小泽征尔是世界著名的交响乐指挥家，他在出名之前，曾参加了一次世界优秀指挥家大赛。在决赛中，他按照评委会给出的乐谱指挥乐队演奏，在指挥过程中，小泽征尔敏锐地发现了不和谐的音符。刚开始，他以为是乐队的演奏出现了错误，于是，他停下来重新指挥，但是，演奏还是出现了不和谐的声音。他当即指出："我觉得乐谱有问题。"

交往线索

当自己遭受质疑的时候，不要退缩和犹豫，而是要坚定地表示自己的看法是对的。

这时，所有在场的作曲家和评委会的权威人士都坚定地说："乐谱绝对没有问题。"面对权威人士的质疑，小泽征尔涨红了脸，但还是斩钉截铁地大声说："不！一定是乐谱错了！"话音刚落，评委们就全部站了起来，对他报以热烈的掌声，祝贺他进入了决赛。原来，这不过是评委们精心设计的一个“圈套”，而小泽征尔却以坚定地认同自己的方式获得了最后的成功。

在某些情况下，当你遭受质疑的时候，需要立即作出解释，如果不马上澄清自己的想法，就很有可能错过机会，你的想法也将永远无法展现在人们面前。但是，对于某些质疑的声音，我们不需要理会，而要耐心等待时机，等到自己可以证明的时候，稍作解释才是最合适的，或者可以说，那时已经无须解释，因为你最终的结果已经宣告了“你是对的”。

巧用自嘲打趣，化解各种尴尬

幽默一直被人们称为只有聪明人才能驾驭的一种语言艺术，而自嘲又被认为是幽默的最高境界。自嘲是缺乏自信者不敢使用的语言艺术，因为它要你自己骂自己，也就是要拿自身的失误、不足甚至生理缺陷来“开涮”，对丑处、羞处不予遮掩、躲避，反而把它放大甚至对其进行剖析，然后巧妙地引申发挥，自圆其说，最后博得一笑。由此可见，能自嘲的人必须是智者中的智者、高手中的高手。

在生活中，当场面陷入尴尬的时候，若是用自嘲来化解窘境，不仅可以给自己找个台阶下，也很容易产生幽默的效果，从而轻轻松松地化解场面的窘迫气氛。当然，如果我们想用自嘲的艺术，那就应该具备豁达、乐观、洒脱的心态，如果缺少这些特质，我们是没有办法运用自嘲的。

生活中那些自以为是、斤斤计较、尖酸刻薄的人是难以自嘲的，因为他们没有勇气拿自己开涮。当然，就语言表达方式来说，自嘲的语言艺术是最安全的，因为它伤害不了任何人，除了自己。

下面的例子就告诉了我们这点。

交往线索

当你置身于难堪境地时，如果过分掩饰自己的失态，反而会弄巧成拙，使自己越发尴尬。相反，如果以漫不经心、自我解嘲的口吻说几句取悦于人的话，就可以活跃气氛、消除尴尬。由此可见，当令人难堪的事情已经发生后，巧妙地运用自嘲，能使你的自尊心通过自我排解的方式受到保护，同时，还能体现出你宽广的胸怀。

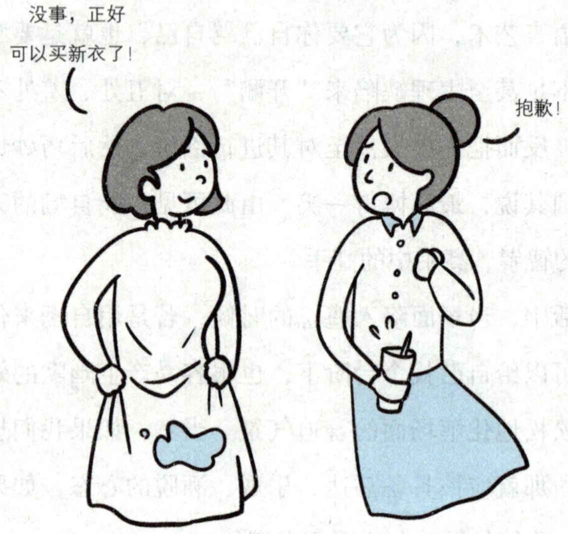

20世纪50年代初，美国总统杜鲁门会见十分傲慢的麦克阿瑟将军。会谈中，麦克阿瑟拿出烟斗，装上烟丝，把烟斗叼在嘴里。当他准备划燃火柴时，停下来对杜鲁门说："抽烟，你不会介意吧？"

显然，这不是在真心征求意见，因为他已经做好了抽烟的准备，如果对方说介意，那就会显得粗鲁和霸道。这种缺少礼貌的傲慢言行使杜鲁门有些难堪。然而，他看了麦克阿瑟一眼，自嘲道："抽吧。将军，别人喷到我脸上的烟雾，要比喷在任何一个美国人脸上的烟雾都多。"

有人说："无论你想笑别人什么，都不妨先笑你自己。"在生活中，自嘲简直可以说是治疗尴尬的一剂良药，当自己遭遇尴尬的时候，不妨拿自己开涮，因为这会让身边的人开怀大笑。其实，自嘲是心理成熟的一种标志，虽然你损失了面子，但却以真诚的人格魅力赢得了大家的青睐。自嘲最大的作用就是能够让沟通的场景变得轻松起来，处于这个场景中的人们不希望看到难堪局面的发生，因此，对于我们而言，自嘲不但给自己解了围，同时也娱乐了大家，替大家解了围。

参考文献

[1]成正心.活学活用社交心理学[M].北京：电子工业出版社，2017.

[2]木瓜制造, 原田玲仁.每天懂一点人际关系心理学[M].长沙：湖南文艺出版社，2012.

[3]李靖.社交心理学[M].沈阳：沈阳出版社，2017.

[4]王富军.受益一生的社交心理学[M].北京：中国商业出版社，2016.